生活因阅读而精彩

生活因阅读而精彩

赢在责任

没有责任就没有希望，没有执行就没有结果

胜在执行

高伟◎著

时 事 出 版 社

图书在版编目(CIP)数据

赢在责任,胜在执行 / 高伟著. —北京:时事出版社,2014.8

ISBN 978-7-80232-755-9

Ⅰ. ①赢… Ⅱ. ①高… Ⅲ. ①企业管理 Ⅳ. ①F270

中国版本图书馆 CIP 数据核字(2014)第178729号

出 版 发 行:时事出版社
地　　　址:北京市海淀区巨山村 375 号
邮　　　编:100093
发 行 热 线:(010)82546061　82546062
读者服务部:(010)61157595
传　　　真:(010)82546050
电 子 邮 箱:shishichubanshe@sina.com
网　　　址:www.shishishe.com
印　　　刷:北京建泰印刷有限公司

开本:787×1092　1/16　印张:18　字数:195 千字
2014 年 9 月第 1 版　2014 年 9 月第 1 次印刷
定价:29.80 元

前言

一个企业想要从竞争激烈的商场角逐中突围而出，靠的是竞争力。“人”是企业竞争力的核心，一个竞争力强的团队需要具备善于管理的领导者和高战斗力的团队成员。所以，越来越多的企业管理者开始着眼于对团队成员职业品质的培养，借以提升团队的整体综合实力。在众多的职业品质中，责任心和执行力无疑是最被重视、最有利于提升竞争力的两大品质。

世界 500 强企业无不将责任视为最关键的理念和价值观，是员工必须遵循的行为准则。许多企业都认为，与能力相比，责任是更应具备的基本素养。为什么在工作中会频频发生“B 级人才能完成 A 级事情，而 A 级人才却办不成 B 级事情”的现象？就是因为责任心不够。责任心是一个老生常谈的话题，之所以一直被企业管理者和管理学家们提及，是因为它的确是一个非常棘手的问题。面对员工责任缺失的现象，管理者常常束手无策。如何让员工“在其位、谋其政、做其事、尽其责”，将责任变得自动自发？这将是本书的核心问题。

当员工的责任到位之后，他们还需要具备将责任落实的能力——执行力。简单来说，执行力就是实现预定目标的能力。任何计划、战略都需要通过完美的执行来实现。如果没有执行力的保障，一切都不过是纸上谈兵，难有成效。

零售巨头沃尔玛的总裁罗伯森·沃尔顿曾这样评价执行力的作用：“沃尔玛能取得今天的成就，执行力起到了不可估量的作用。如果你希望成为一名优秀的CEO，或者希望让企业的挑战性目标变为现实，那么就必须依靠执行力。”执行力是凸显企业优势的有力武器。如果想要让企业从千军万马中脱颖而出，那么提升员工的个人执行力，打造具有高效执行力的团队是企业管理者所面临的刻不容缓的任务。

本书以责任心和执行力这两大职业品质为视角，通过生动切合的案例，对职场现象进行透彻分析，并提出切实有效的策略与方法，让企业管理者能够将责任与执行落实到每个团队成员身上，让团队成员都能拥有以企业为家的责任感，以及高效、果断、到位的执行力，实现责任心与执行力的最佳化，打造出最为卓越的企业团队。

目录

上篇
赢在责任

第一章
责任是一种态度，决定未来

第二章
只讲结果不讲如果，责任不需借口

第三章

一心不侍二职，忠诚推动责任心

第四章

小恩也言谢，让责任自动自发

第五章

做事就要成事，将责任执行到底

第六章

责任不是小事，是小事的积累

第七章

不为责任划界，卓越就是这样实现的

下篇 胜在执行

第八章 执行力是一种能力，拒绝纸上谈兵

第九章 实现执行力，贵在到位

第十章

执行强调方法，苦干不如巧干

第十一章

高效执行，摆脱拖延症

第十二章

告别独行侠时代，打造执行力团队

第十三章 跳出思维里的墙，执行需要创造力

第十四章 面对执行，“不知足者常乐”

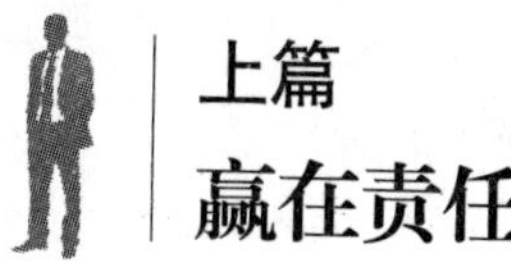

上篇
赢在责任

职场从不缺乏高能力的人，想要在竞争激烈的职场中占得一席之地，除了能力，你还需要具备比能力更重要的职场素养——责任心。现如今，几乎每一个优秀企业都信奉责任心的强大力量，他们相信：责任胜于能力。所以，对于个人而言，责任心是我们脱颖而出的资本，也是决定未来发展之路的重要因素。

◆第一章　责任是一种态度，决定未来

当越来越多的人强调责任于企业的重要性时，责任的优势在人们心中的天平便开始逐渐向企业倾斜。实际上，企业与个人都是责任的受益者。对工作负责的本质就是对自己负责，责任心使你的工作完成得更加出色，你自然就成为机遇的垂青者。

1．机遇更垂青多做事的“傻子”

“聪明人”不懂，做得多了，机遇也就多了。

机遇往往垂青那些平时被人耻笑的“傻子”，他们总是拿着一毛钱的工资干着一块钱的活儿，傻傻地做着老板的“超值”劳动力，像黄牛一样任劳任怨，全然不知道自己吃了大亏。然而正是这些喜欢“吃亏”的老实人，才比那些精明人更容易得到老板的信任和青睐，更容易获得升职加薪的机会。

其实这些肯“吃亏”的员工，都是很有责任感的人，因为只有把企业当成自己的家，才不会斤斤计较个人得失，才不会紧盯着薪水报酬而吝惜自己的付出。那些自认为很聪明的人，绝不肯“浪费”一分力气，拿多少钱的薪水，就干多少钱的活，甚至有些人还偷奸耍滑。没有付出，何来回报？他们这样的心态，又怎么能指望在竞争激烈的职场上出人头地呢?

学习机械制造的元经毕业后分配到了一家精工机械制造厂工作。一段时间之后，他发现其他同事在生产过程中，对剩余的一些边角料不太珍惜，总是随手乱扔。下班后负责清扫卫生的员工就把这些东西当作垃圾处理掉了。每天总有上百斤这样的边角料被丢掉，非常可惜。

于是，元经每次下班后，都把别人丢弃的那些边角料收集起来，利用一台闲置的机床加工成一些螺丝、螺杆这样的小零件。

他的一个同事经常“好心”地劝元经不要这么傻，意思是工作了一整天，下班还不赶紧回去休息，这些边角料扔了也就扔了，还加工成小零件，累不累啊？元经不听，那个同事最后气不过，说：“公司就发给你那么点工资，每天把任务完成就很对得起它了，你现在多干的这些活儿，干了也白干，没人给你发奖金。说句难听的，你就是一个吃力不讨好的笨蛋，就是一个喜欢吃亏的傻子。”对于他的这番“教诲”，元经只是笑笑，继续他的工作。

一天，老板下班后到生产车间去转悠，结果发现元经在认真地加工着边角料，旁边是加工好的半筐小零件。于是，老板就问元经：“别人都下班回家了，你怎么不回家，还在这里加工这些废料啊?”

元经说："我觉得这些边角料扔了挺可惜，加工一下还能用得上。我回去也没什么要紧事，多干点活儿也累不着的。"老板没说什么，转身就走了。

半年后，老板宣布要提拔一位员工担任车间主任，大家纷纷猜测这个人选。但结果却让人大跌眼镜，老板点名要资历尚浅的元经来担任这个职务，就连元经自己也感到非常惊讶。

老板说出了提拔元经的理由："元经拿了一个人的工资，却干了不止一个人的活儿，他得到的报酬少，但是付出的劳动多，不怕吃亏，这么有责任心的员工，公司是绝对不会亏待他的。"其他工人听到这些都很感慨，没想到"吃亏是福"啊！

元经在工作中本着对企业负责的心态，没有盯着自己的付出是不是得到了企业相应的回报，而是兢兢业业地工作，付出了超出个人薪水的努力。在同事看来，这个人有些傻，没有加班费的工作还干，这不明摆着是吃亏吗？但正是元经的这份责任心，为他赢得了升职加薪的机会，因为任何企业都是不会亏待有责任感的员工的。吃小亏，最后其实就是得了大便宜，从这个角度来看，元经这种不怕"吃亏"的人，才是职场上真正的智者。

一分耕耘一分收获，付出总有回报。职场中拥有强烈责任心、不怕"吃亏"的人，就不会吝于付出，机会总是愿意给予付出的人回报的。在你种下这颗"吃亏"种子的同时，其实就已经为将来升职加薪打下基础了。

然而，职场上还有很多人不明白这个道理，他们总是想能够得到怎样的回报，才去付出努力，才去承担责任，完全颠倒了因果。他们认为：既然公司给了我这么多薪水，我就只需要付出这些劳动，没必要再去主动承担更多的工作。于是，他们就得过且过地混日子，逐渐消磨了自己的工作热情，也失去了前进的动力。长此以往，他们就会变得默默无闻，被埋没在职场的茫茫人海中了。

这种不肯“吃亏”的心态，其根源就是没有责任心，这样不仅对公司没有任何好处，对自己也是很不负责任的。这样的员工也很难得到升职的机会，哪怕升职的机会真的来了，上司也不会放心地把重要的任务交给他去做。很简单，一个连本职工作都做不好的人，如何能够说服别人信任他呢？

吃亏是最简单的事情，每个人都会，但是绝大多数人都做不到。只有那些平时不斤斤计较个人得失，不局限于自己的所得，为公司付出更多、不怕吃亏的“傻子”，才能得到上司的青睐，给自己带来更大的发展空间。

“精明人”与“傻子”的区别就在于：“精明人”付出得少，得到得多；而“傻子”付出得多，得到得少。然而这仅仅是暂时的，实际的情形是：“傻子”干的活儿多，收获就会逐渐变多，机遇也会随之到来；而“精明人”付出得越少，他们的收获也就变得越少，机遇更不会落在他们头上。他们只是白白浪费了大好年华，输掉了成功的机会。

所以，不要抱怨当年同时入职的人现在的收获已经远远地超越了你；不要抱怨领导的偏心剥夺了你升职的机会；不要抱怨上天不公，怀才不遇的你没有遇到独具慧眼的“伯乐”，你之所以到现在还只是一个普普通通的小职员，守着办公室的一隅，还只能拿着微薄的薪水默默哭泣，还只能眼巴巴地渴望着加薪升职的机遇，一切的根源不在于你的工作能力不佳，不在于领导的识人水平低下，也不在于你的人生际遇悲苦，只是因为你不愿意“吃亏”，你没有足够的责任心。老板手下人才济济，他干嘛要提拔重用一个付出太少而希望得到太多的“贪婪”的人呢？

吃亏是福。从现在起，不要再斤斤计较眼前的蝇头小利，学会做一个肯“吃亏”的傻子，加强自己的责任心，今天吃点小亏，明天就会得到更大的利益，获得更大的机遇。

2．对工作负责，就是对自己负责

为自己工作，对未来负责。

在日常工作中，能力上的差异虽然会产生不同的工作效果，但那并不是主要原因。职场上的天才很少，白痴也不多，在能力方面，大家都是差不多的。然而，即便是两个能力不相上下的人，从事相同的工作，结果也经常会大相径庭。有的人做得干脆利落、尽善尽美；有的人却做得马马虎虎、不尽如人意。这是为什么呢？

这是因为他们的工作态度不一样，由此产生的工作结果自然也不一样。有些人没有将责任感融入到自己的工作中去，没有认识到工作对自己职业生涯的影响。因此对待工作马马虎虎，抱着应付了事的心态去糊弄。如此一来，不仅会为企业带来损失，也不利于自己的发展，可谓是“损人不利己”。

实际上，糊弄工作就是在糊弄自己，对工作负责就是对自己负责。

阿诺德和布鲁诺是同一家店铺的伙计，他们拿着同样的薪水。可是，一段时间之后，阿诺德便青云直上，而布鲁诺却还是老样子。

布鲁诺一肚子的怨气，他觉得老板对自己很不公平。一天，他到老板那里发牢骚，老板一边耐心地听着他“诉苦”，一边在心里盘算着如何解释清楚他与阿诺德之间的差别。

终于，老板说话了：“布鲁诺，你到集市上去一趟，看看今天早上都有什么东西在卖？”

布鲁诺去了集市上，回来后向老板汇报：“今早集市上只有一个农民拉了一车土豆在卖。”

老板问：“有多少？”

布鲁诺又跑到集市上，回来告诉老板共有40袋土豆。

“价格是多少？”

布鲁诺叹了口气，第三次跑到集市上问来了价格。

待布鲁诺气喘吁吁地回来后，老板对他说：“好了，现在你坐在椅子上别说话，看看阿诺德是怎么做的。”

于是老板吩咐阿诺德去集市上看看。阿诺德很快就回来了，他向老板汇报：“到现在为止，只有一个农民在卖土豆，一共40袋，价格也问了。这些土豆的质量很不错，我带回来一个，您可以看看。这个农民一小时后还会运来几箱西红柿，价格还挺公道的。据说，昨天他们铺子的西红柿卖得很快，库存已经不多了。我想，这么物美价廉的东西老板可能会进一些，所以我带了一个西红柿做样品，也把那个农民带来了，他现在就在门口等着呢！”

这时候，老板转过头对布鲁诺说：“现在你该知道为什么阿诺德的薪水比你高了吧？”

对于布鲁诺来说，他仅仅满足于按照老板的吩咐去做事，他做的都是最表面的事情。他没有进一步去想，老板让他去看看市场上有什么东西在卖，是想获得什么信息呢？老板不会无事生非，怎么可能只是为了满足一下好奇心，就让自己的员工专程跑一趟呢？结合自己公司的经营范围和老板吩咐的工作，绝不只是问一声市场上有土豆还是有西红柿这么简单无聊的事情，真正的工作任务是后面的环节：尽可能详细地获得对公司有用的市场信息。而布鲁诺的做法，很明显是在敷衍、糊弄工作。这样的责任心和工作态度，怎么可能得到提拔重用呢？

工作是一个人在社会上赖以生存的手段，员工需要工作养家糊口，需要给自己找一个饭碗，因为这是工作最基本的功能。

然而，除此之外，工作还有一个更重要的功能，那就是实现自我价值。马克思说过：“劳动是人的第一需要。”也就是说，工作是实现自我价值最重要的手段。作为员工，要时刻铭记：当进入一家企业的时候，自己的经济利益和更高层次的心理需求就已经和工作、企业捆绑在了一起，对工作负责就是对自己负责，对工作越负责，就越能做好工作，进而获得更大的利益，个人事业也就更进一步。反之，糊弄工作就是糊弄自己，不仅无法提升自我价值，还可能失去赖以糊口的饭碗。

小男孩米奇在一个社区给鲍勃太太割草打工。

工作了几天后，他找了一个公用电话亭给鲍勃太太打电话："您需不需要割草工?"鲍勃太太回答说："不需要了，我已经有割草工了。"

米奇又说："我会帮您拔掉草丛中的杂草。"

"我的割草工已经做了。"鲍勃太太说。

"那么，我会帮您把草场中间的小径打理干净。"

鲍勃太太说："真的谢谢你，我请的那人也已做了，我真的不需要新的割草工人。"

挂了电话后，米奇的伙伴杰瑞非常不解地问他："真想不明白，你不就在鲍勃太太那儿割草打工吗？为什么还非要多此一举地打这样一个电话?"米奇笑了笑，回答说："我只是想知道我做得够不够好!"

在职场上，当你还在为自己工作业绩的难堪和人生境遇的窘迫长吁短叹时，要学会从责任的角度反思自己，清醒地认识到自己要认真地对待自己所从事的工作，不要糊弄，努力培养自己尽职尽责的精神，多问自己"我做得够不够好?""我是不是尽到了责任?""我有没有糊弄工作?"

对工作负责，即是对自己负责。工作的态度决定了一个人在工作上所能达到的高度，而在工作上的成就很大程度上决定了一个人的人生价值和成就。一个对工作有强烈责任心的员工，就能为公司的利益和成长努力付出，进而不断提高自己的价值，实现自身的发展，在工作中崭露头角，并且比别人更容易获得加薪和晋升的机会，为自己事业的成功奠定坚实的基础。因此，无论是初入职场的青涩新人，还是历经风雨的淡定名宿，都绝不能糊弄自己的工作，要时刻对工作保持强烈的责任感，让自己切切实实地承担起责任来！

3．别用抱怨掩饰自己的不努力

收起抱怨，你才能将目光放在更有价值的事情上。

在职场中，总有一些人整天发着牢骚：

“我都来公司这么久了，一直得不到重用，老板还经常给我小鞋穿。”

“努力工作又怎样？老板根本不在意。”

“这又不是我一个人的错，凭什么扣我的奖金？”

……

这些人每天想着加薪、晋升，期望得到老板的器重，成为公司的顶梁柱。遗憾的是，他们的这种期望是毫无可能的，因为“抱怨”给他们的成长与晋升之路设置了阻碍，而在抱怨背后，暴露的也正是他们自身最大的弱点：没有责任心！

这个世界上本来就没有完美的事物，工作也不可能都尽如人意。很多时候，问题并不是因为工作不好，而是人的心态不对。如果你总是抱怨客观环境，而不是发自内心地去重视一份工作，尽职尽责地将它做好，那势必就会感到厌烦，进而心生懈怠。

实际上，并没有什么工作值得抱怨，只有不负责的人。就算你从事的是最平凡的职业，如果你能消除抱怨，全力以赴、尽职尽责地努力工作，那么你同样能成为一个有价值、受人器重的人。

炸薯条这种食品在17世纪的时候风靡法国，深受当时美国驻法大使托马斯·杰斐逊的喜爱，于是他就把制作方法带到美国，并在蒙蒂塞洛把炸薯条当作一道正式晚宴菜肴招待客人。

当时，美国纽约的一家餐厅提供这种正宗的法国式炸薯条，这家餐厅身处一个一流的度假胜地内，到那里就餐的都是一些有身份的人，他们不是名流就是富豪。乔治·柯兰姆是这家餐厅里的厨师，他一直都严格按照标准的法国尺寸来制作薯条，这道菜很受客人的欢迎。

有一天，一群富翁到乔治所在的餐厅就餐，其中有位客人非常挑剔，他一直抱怨薯条切得太粗，影响了他的胃口，因此拒绝付账。为了让这位富豪满意，乔治又重新做了一份，这次切得细了一些。可是，那位客人仍然不满意，还是抱怨薯条太粗了。

周围的服务员私下里都在抱怨那位客人不讲理，替乔治感到委屈。乔治心里自然也不高兴。不过，他是个有责任心的人，既然自己是厨师，那就要让客人吃得满意，这是他的职责所在。

于是，乔治再一次回到了厨房，这次他将马铃薯切得很细很细，细到一炸之后又酥又脆，这样的做法已经与正宗的法式炸薯条标准大相径庭了。不过，乔治心想，既然是客人要求这样做的，自己就应该满足他。

看到闪着淡黄色油光的薯条，客人非常满意。更有意思的是，其他的客人也纷纷要求乔治为他们制作这样的薯条。因为马铃薯需要手工削皮和切条，所以很考验厨师的刀工，但是乔治本着对工作负责的态度，一一满足了客人们的要求。

自此之后，这种“超细”的薯条便很快风靡了起来。后来，乔治开了一家属于自己的餐厅，并将这种薯条作为餐厅的招牌菜品，这一举措使他赚得盆满钵满。现在，细细的薯条成了世界上销售量最大的零食，而乔治这个薯条的发明者也家喻户晓了。

没有一份工作值得抱怨，把该做的工作做好，这是员工的责任。一个人如果有强烈的责任心，那么即便一件事只有很小的希望，最后也能够变成现实。责任是员工强有力的工作宣言，是能够胜任工作的保障，一个人是否具备责任感，具备多强的责任感，也决定了他在工作中成就的大小，职场中地位的高低。别总觉得工作处处不如意，抱怨是推卸责任的表现。抱怨之前，员工需要扪心自问一下：自己为这份工作付出了多少？是否一直都以高度的责任感来对待？有没有投入百分之百的努力？一个真正负责任的人，永远都不会用抱怨为自己的工作做注解。

职场中的人要明确一个认识：老板雇用你来担任某一个职位，或者安排你从事某项工作，他的目的不是听你发牢骚，诉说工作中有多少麻烦和困扰，他是请你来解决问题、创造价值的。想要获得老板的肯定，实现自我的价值，首先要做的就是承担起你应负的责任，收起你的抱怨，做个敢于担当的人。一个只会抱怨，连本职工作都无法承担的人，又凭什么让老板器重你呢？

抱怨是懦夫的行径，凡是工作和生活中的勇者，都是不抱怨、敢于负责任的智者。抱怨也是愚蠢者的语言，因为抱怨根本无益于问题的解决，相反，还会转移你的注意力，使你不能集中精力考虑对策，在关键时刻还可能会延误时机，让事情变得更糟。因此，对于出现的问题应该以负责的态度积极动脑筋、想办法，去解决问题，这种做法比没有任何积极意义的抱怨要明智得多。

人生是一条荆棘密布的曲折路，到处都可能隐藏着陷阱，我们不知道何时何地会遭遇怎样的挫折。不过，有挫折并不可怕，关键看你如何面对。态度不同，结果就不同。负责任的人不会抱怨，只会把挫折当成一种另类的财富。那些在职场上取得瞩目成就、最终成功地实现了自己人生价值的人，无不经历了重重磨难，他们跌倒了又爬起来，屡战屡败，又屡败屡战，最终闯过艰难险阻，走向成功。

工作中遇到的各种困难和烦恼，其实都是对人生的历练。玉不琢不成器，要想在职场中褪去束缚你发展的外衣，就要经历处处不如意的痛楚，如此才能破茧成蝶，占领人生的高地。不经历风雨，怎能见彩虹？面对让你烦心的种种，你何不收起抱怨，代之以责任感、进取心呢？唯有如此，这些磨难才能助你走向成功，成为对你有用的财富。

4. 激情去哪儿找

于责任处寻找激情，用激情为工作添彩。

人生旅途中总是沼泽遍布、荆棘丛生，追求目标的过程中总是山重水复，不见柳暗花明。在这段曲折的道路上，很多人失去了乐观和激情，让消极悲观的情绪趁机笼罩了内心，让自己生活在没有阳光的阴霾之中。

也许，你正无奈地看着青春渐行渐远，感叹时光如梭、岁月老去，而自己却始终与成功无缘。但你有没有想过：是什么导致了今天的局面？你在这里为了逝去的日子感叹、懊悔，为何不拿出激情面对现实呢？或许，就在你为错过月亮而哭泣的时候，你也错过了繁星。

工作中，很多人常常是虎头蛇尾，或者是三分钟热度，开始的时候可能对工作还有点兴趣，因此他们还能付出努力，等到一段时间过去，工作热情也就没了。要知道，工作不是小孩子的糖果，想吃的时候哭着闹着要，不想吃了就随手一扔，这样的工作态度是无法取得良好业绩的。

比尔·盖茨有句名言："每天早晨醒来，一想到所从事的工作和所开发的技术将会给人类带来巨大影响和变化，我就会无比兴奋和激动。"这句话阐释了比尔·盖茨对工作的激情，很多人都受到了他的感染，"激情"

也一直被作为微软的企业精神而延续着。

一位在微软工作的人说："在微软工作，热情与聪明同等重要。没有热情，你在和客户交流的时候就很难说服他们。"每当公司举行全球性的公司内部会议时，众多的人聚集在了一起，每个人的脸上都洋溢着对技术近乎痴迷的狂热和对客户发自内心的热情，这样的会议通常是在大家的欢呼，甚至是眼含热泪的情况下结束的。

还有一位研究员经常对公司的领导说要去见"女朋友"。一个偶然的机会，公司领导在办公室看到了他，就问他不是去见女朋友了吗？这位研究员指着电脑笑着说："这就是我的女朋友呀。"

所有进入微软工作的员工，每时每刻都保留着对工作的热情，而正是凭借着这种超乎常人的激情，他们共同打造出了雄霸世界的微软帝国，在行业内始终处于领跑的位置。

面对工作，我们需要保持一份激情，带着这份激情上路，才能让前进的脚步轻快而坚定。生命的价值、事业的成功往往需要一颗充满激情的心。激情，可以创造奇迹。如何才能让激情的干柴堆越烧越旺，并形成燎原之势呢？责任心，就是点燃激情的火种。

内心充满激情的人，总是以微笑面对生活，总是能够以饱满的热情跑在别人前面。所以，别再垂头丧气，别再情绪低落，给自己多一点鼓励，让自己多一点激情。只有这样，你才能够在遇到打击、困难的时候，义无反顾地向前走。

杰克·沃特曼退伍后，加入了职业棒球队，后来成了美国著名的棒球运动员。可惜，他的动作疲软无力，总是提不起精神，最后被球队经理开除了。

经理说："你一天到晚慢吞吞的，一点都不像在球场上混了20年多年的职业选手。离开这里，不管你去哪儿，做什么，如果你还是没有责任心，没有激情，那么你永远都不会有出路。"这句话深深地印在了杰克的心里，那是他有生以来遭受的最大打击。

杰克牢记着这句话离开了原先的棒球队，加入了亚特兰大队。之前，他的月薪是175美元，现在他的月薪降到了25美元。薪水如此少，但他告诫自己，一定要努力，做起事来不能再缺少责任心和激情。在加入球队10天以后，一位老队员介绍他到德克萨斯队。在抵达球队的第二天，杰克发誓，要做德克萨斯队最有激情的队员。

杰克真的做到了。他一上场，身上就像充了电一样。杰克强力地击出高球，让对方的双手都麻木了。当时的气温高达华氏100度，他在球场上跑来跑去，很有可能中暑。但是，由于杰克的激情感染了大伙儿，队友们也都兴奋起来。杰克的状态也出奇地好，简直是超水平发挥，他不断地为球队得分。

第二天早晨，当地的报纸上说："那位新加入的球员，无疑是一个霹雳球手，全队队员都受到他的影响，充满了活力和激情，他们不但赢了，而且是本赛季最精彩的一场比赛。"杰克看到报纸，上面的报道让他非常高兴，这更让他坚定了保持激情的决心。

由于杰克的激情和他的出色表现，他的月薪从原来的25美元一下子提高到185美元。在后来的两年里，他一直担任三垒手，薪水涨到了750美元。

有人问他："你是怎么做到这一点的？"

杰克说："因为一种责任感产生的激情，除此之外，没有任何别的原因。"

杰克·沃特曼的人生辉煌就是用激情创造的。

激情，是一种能把全身的每一个细胞都调动起来的神奇力量，它能促使人们发挥出平时不曾达到的水平，并感染团队中的每一个人，使工作变得主动而有效率。如果一个人充满激情地对待工作，那么他就会认为自己所从事的工作是世界上最神圣、最崇高的职业。相反，那些没有激情的人，会逐渐厌倦自己的工作，这样的人又能有多大的成就呢？

作家拉尔夫·爱默生说："热情像糨糊一样，可以让你在艰难困苦的场合紧紧地黏在这里，坚持到底。它是在别人说你不行时，发自内心的有力声音——'我行'。"这就是说，一个人如果没有激情，就不能把工作做好，而一旦对工作充满高度的激情，便能够把枯燥乏味的工作变得生动有趣，让自己充满活力，进而取得不同凡响的成绩。

人生路上的每一次进步，职场生涯中的每一次飞跃，工作中迸发出的每一个智慧的火花，无一不是激情创造的奇迹。保持激情，就是保证自己拥有不断提高的动力。生活如果丧失了激情，那就如同白开水，没有味道，也不会精彩；工作缺少了激情，就如同汽车没有了油，很难跑得起来。那么，如何才能保证对工作持续不变的激情呢？这就需要对工作有一颗很强的责任心。

可以说，责任心是激情的"发动机"，它是点燃激情、拥有积极精神力量的火把，可以把全身的每一个细胞都调动起来，让人主动、积极地面对工作中所遇到的一切困难，不断提高工作能力，成就事业上的辉煌。

工作是很懂得"感恩"的，你为它付出十分的激情，它会回报你十二分的业绩。因此，若想在工作中脱颖而出，实现自己的价值，你就必须时刻保持自己对工作的责任感。责任心会引爆你的激情，而当这种发自内心的巨大精神力量转化为工作中的行动时，定能促使我们排除疑惑，更加自信；也能使我们坚定目标，全情投入；还能使我们坚持到底，收获成功，最终创造出辉煌的业绩，在职场中立于不败之地，品尝到成功的喜悦。

责任心是点燃工作激情的火种。无论你现在从事什么样的职业，处在什么样的职位上，不管你现在面对着什么样的困难，记住：保持一颗强烈的责任心。只有这样，你才能一直保持有激情的工作状态，将工作做到尽善尽美。在经历工作的千锤百炼之后，责任心定能让你在激烈的竞争中取胜，成为职场中的佼佼者。

5. 天上掉下的可能是“毒馅饼”

别让投机取巧的念头腐蚀了你的责任心。

时下，不少人都在想办法寻求成功的捷径，恨不能一夜之间成为世界首富。他们不愿踏踏实实地按照正常的步骤去做好手头的工作，他们不努力、不用心地做事，凡事得过且过。

天下没有免费的午餐，职场上也不会有一步登天的奇迹。那些整天等着天上掉馅饼，想要不费吹灰之力就能一举成名的人，只会渐渐丧失自己应有的责任心，让自己的工作效率越来越低，漏洞和错误百出。这样的人，根本无法在工作中积累经验，更谈不上提升实力、取得成功了。

所以，要想早日成功，必须有出色的工作业绩，而没有责任心、没有认真的工作态度，怎么能吸引老板的眼球，得到提升的机会呢？

石油大王洛克菲勒年轻的时候，曾经在一家小石油公司工作。生产车间里有这样一道工序：装满石油的桶罐通过传送带输送至旋转台上以后，焊接剂从上方自动滴下，沿着盖子滴转一圈，然后焊接，最后下线入库。洛克菲勒的任务就是注视这道工序，查看生产线上的石油罐盖是否自动焊接封好。这是一份简单枯燥，甚至连小孩儿都能胜任的工作。

没几天，洛克菲勒就厌倦了这份没有挑战性的工作。他本来想辞掉这个工作，但苦于一时找不到其他工作，只好继续坚持着。后来，他想，既然自己在做这份工作，就应该对这个岗位负责，把这个简单的任务做好。于是，他就认真地观察起这道工序来。他发现，每个罐子旋转一周的时候，焊接剂刚好滴落39滴，然后焊接工作就完成了。

几天后，洛克菲勒有了一个新的发现：焊接过程中有一道工序，其实并没有必要滴焊接剂，也就是说只需要38滴焊接剂就能把工作完成。“这样不就给公司造成浪费了吗？”他认为自己有责任解决这个问题。

洛克菲勒经过反复的试验，发现了一种只需38滴油就可完成工作的焊接方法，并将这种做法推荐给了公司。老板非常高兴，他做出了一个惊人的决定：聘用洛克菲勒为这家公司的高管。很多人都非常不服气，他们认为那种只需38滴焊接剂就可完成工作的方法并没有什么出奇之处，别人也做得出来，为什么单单提拔洛克菲勒呢？

老板认真地回答，这个工序上有很多员工，但是只有洛克菲勒一个人想到了要为公司节约这一滴焊接剂，看似是一件小事，但是它反映了洛克菲勒有很强的责任心。更何况，别小看这1滴焊接剂，它每年能为公司节省5亿美元的开支！

任何企业都需要全心全意、尽职尽责的员工，因为只有尽职尽责才能把工作做好，而员工认真的工作态度就能成就企业的强大竞争力。不管你从事什么样的工作，平凡的也好，令人羡慕的也罢，都应该尽职尽责，追求完美，这不仅是一个人的基本职场素养，也是人生成功的重要因素。

人人都渴望成功，期待得到老板的垂青，在职场上不断得以晋升。有很多员工总是抱怨老板不给自己机会，然而当升迁机会来临时，却发现自己平时没有积蓄足够的学识与能力，以致不能胜任，后悔莫及，眼睁睁地看着机会溜走，或者被其他同事抓住。

在职场上升职，意味着你可以站在更大的平台上，行使更高级别的权力。同时，也意味着老板对你有更高级别的要求，你要承担更多的责任。为了升职，员工需要跟很多人竞争，如果你没有得到这个职位，不要抱怨老板不给你机会，而是你的能力和经验还没有提升到相应的层次。

要升职先升值。升值包括个人文化、工作经验、工作能力等各方面的提升，是一个人成长为更加成熟和完善的职场人士的过程。对于员工来说，只有自己有了价值，才能得到更多的关注和重用，才能升职。因此，在工作中每个人都要加强责任心，把手头上的所有工作都做到完美，不断增强自己的竞争优势，不断地提升自我，这样才能脱颖而出，获得难得的升职机会。

责任心是完成工作的保险丝。有了责任心才能重视自己的工作，才能对自己高标准、严要求，才能要求工作结果精益求精，有效快速地完成工作。任何一个老板都希望自己的员工把工作做到完美，把业绩做到极致。同时，在这个精益求精的工作过程中，员工得以展现自己的才华和能力，体现自己的责任心，凸显自己的个人价值。这是获得老板认可的重要途径，更是成就个人职场辉煌的保证。

在职场上，有些人因为出身卑微，或学历不高，或饱经挫折，就否定自己，放弃了梦想。但也有一些人，总在兢兢业业地做着他们该做的事，即使自己的职位非常卑微，也丝毫不会减弱对工作的热情，他们就像马丁·路德·金说的那样："如果一个人是清洁工，那么他就应该像米开朗基罗绘画、贝多芬谱曲、莎士比亚写诗那样，以同样的心态来清扫街道。他的工作如此出色，以至于天空和大地的居民都会对他注目赞美：瞧，这儿有一位伟大的清洁工，他的活儿干得真棒!"他们不会因为职务的卑微而轻视工作，只会通过不断地进步和努力地付出，确保完美的工作。有人觉得这种行为很傻气，可事实上，他们在这个过程中提升了自己的价值，赢得了老板的赏识，一点点朝着自己的理想靠近。

也许你感觉自己在工作中已经做得非常好了，但你是否真的已经竭尽全力把每件事情都完成得尽善尽美了呢？当你想要偷懒、想要抱怨、想要放弃时，记得提醒自己：责任感是做好工作的保证，只有把工作当作自己的事业来做，才能实现自己心中的愿望，才能让职场之路一帆风顺。

◆第二章 只讲结果不讲如果，责任不需借口

“没有任何借口”是西点军校里广为传颂的悠久传统，也是它教给每位新生的第一个行为准则。在职场，“没有任何借口”也是企业希望员工能够达到的责任标准。借口不过是掩盖错误的一张纸，风一吹，错误便显露无疑。当遇到问题的时候，与其绞尽脑汁地找理由，不如想办法弥补或改进。

1．忘记那些陷害你的借口

那些推卸责任的借口已经让员工在上司那里留下了不好的印象。

有些人不敢担当责任，他们善于寻找各种各样的借口来为自己的失职推脱。“我可以早到的，如果不是下雨堵车。”“那个客户太挑剔了，我无法满足他。”“手机没电了，所以我没有联系上那个客户。”只要用心去找，借口就像海绵里的水，总是有的。

这些人宁愿绞尽脑汁去寻找借口敷衍塞责，也不愿意多花点心思把

事情做好。借口或许可以让这种人暂时逃避困难和责任，但是时间长了，推卸责任就成了一种习惯。借口说出来很容易，但是要消除在老板心中的坏印象就难了，这对个人的发展是很不利的。

某家大型企业最近一个月的业绩明显下滑，老板非常着急，于是召集各部门负责人开了月度总结会。在会议上，老板让公司的几个负责人分别讲一下公司最近销售方面发生的问题。

销售经理首先站起来说："最近销售做得不好，我们部门有一定的责任。但是，主要原因不是我们不努力，而是竞争对手纷纷推出新产品，他们的产品明显比我们的好。"

研发部门经理说："最近，我们推出的新产品非常少，但是我们是有实际困难的。原本不多的预算，后来被财务部门削减了不少。依靠这些资金，我们根本研发不出有竞争力的产品。"

财务经理说："我是削减了你们的预算，但是你们要知道，公司的采购成本在上升，我们的流动资金没有多少了，公司面临很大的财务压力。"

采购经理忍不住跳了起来："不错，我们的采购成本是上升了，可是，你们知道吗？菲律宾的一个锰矿被洪水淹没了，导致了特种钢的价格上升。"

大家说："原来如此。这样说，这个月的业绩不好，主要责任不在我们啊，哈哈……"

最后，大家得出的结论是：应该由菲律宾的矿山承担责任。

公司的老板面对这种情景，无奈地苦笑道："矿山被洪水淹了，这样说来，那我们只好去抱怨那该死的洪水了？"

故事中的那些部门经理不但不承担自己的责任，积极主动地寻找解决办法，反而尽力找借口推脱。一旦所有的部门都形成了这种风气，就会造成整个团队的战斗力锐减。大家对公司的利益漠不关心，最终这个企业将走向没落，树倒猢狲散。公司和个人都要为这种推卸责任的恶习埋单。

实际上，任何借口都是在推卸责任。在责任和借口之间，选择责任还是选择借口，体现了一个人的生活和工作态度。在工作过程中，总是会遇到挫折，是迎难而上还是做一只把头埋在沙子里的鸵鸟？如果总是找借口推卸责任，就很难给自己带来不断进步的动力，即使工作上出了什么问题，你也不会从中吸取教训，学到东西。所以，即使有了机遇或者好的职位，同样也轮不到你。

在1968年墨西哥城奥运会马拉松比赛上，坦桑尼亚选手艾克瓦里吃力地跑进了奥运体育场，他是最后一名抵达终点的选手。

这场比赛的优胜者早就领了奖牌，庆祝胜利的典礼也早已经结束。因此，艾克瓦里一个人孤零零地抵达体育场时，整个体育场已经几乎空无一人。艾克瓦里的双腿沾满血污，绑着绷带，他努力地绕完体育场一圈，跑到终点。在体育场的一个角落，享誉国际的纪录片制作人格林斯潘远远地看着这一切。接着，在好奇心的驱使下，格林斯潘走了过去，问艾克瓦里，为什么这么吃力地跑至终点，为什么不放弃比赛呢？

这位来自坦桑尼亚的年轻人轻声地回答说：“我的国家从两万多公里之外送我来这里，不只是让我在这场比赛中起跑的，而是派我来完成这场比赛的。”

多么感人、质朴的话语。假如艾克瓦里中途放弃的话，没人会怪他，而且会有“第一次参赛，经验不足”、“状态不佳”的借口，坦桑尼亚人估计还会说他虽败犹荣……但是，他用实际行动向世人证明责任需要的是承担而不是借口。他以另一种方式赢得了全世界的尊重，这种尊重甚至超过了奥运会冠军。

在工作中遇到了问题，特别是难以解决的问题，可能让你懊恼万分。这时候，千万不要为自己找借口、推卸责任。借口找多了，人会疏于努力，不再设法争取成功，而把大量的时间和精力放在如何寻找一个合适的借口上。任何一个老板都欣赏勇于承担责任的员工，不喜欢什么事情都有借口的“废物”，找借口推卸责任只能让员工在职场的道路上走下坡路，最终沦为碌碌无为的庸才。

在工作中，无需任何借口，许多失败就是那些一直麻痹着自己的借口导致的。迟到了就是迟到了，事情办砸了就是办砸了，项目失败了就是失败了，再好的借口也无济于事，再美丽的谎言也不过是不负责任的遮羞布。如果那些一天到晚总想着如何找借口的人，肯将一半的精力和创意负责任地用在工作上，他们一定能在职场上取得卓越的成就。

优秀的员工从不在工作中寻找任何借口，他们总是把每一项工作尽力做到超出客户的预期，最大限度地满足客户提出的要求，而不是寻找各种借口推诿；他们总是出色地完成上级安排的任务，替上级解决问题，而不是强调困难；他们总是尽全力配合同事的工作，对团队的责任从不找任何借口推脱或延迟。“没有借口”看似冷漠、缺乏人情味，但它却可以激发一个人的最大潜能。如果员工能够将找借口的创造力用于寻找解决问题的方法，情形也许会大为不同。

那些实现自己的目标、取得成功的人，并非有超凡的能力，而是有超凡的心态，他们从不找任何借口推卸责任，而是勇于承担，竭尽全力去圆满地完成任务。在现实生活中，职场上缺少的正是那种想尽办法去完成任务，而不是去寻找借口的人。工作之中不找任何借口，体现的是一种负责、敬业的精神，这种精神是所有企业和团队的宝贵财富。

不找借口推卸责任的人能积极抓住机遇、创造机遇，而不是一遭遇困境就退避三舍、寻找借口。想要在职场上获得成功，就必须改正把问题归咎于他人或者周围环境的习惯，停止寻找或高明或笨拙的借口，勇敢地担起自己的责任。在自己的岗位上，尽自己最大的努力把事情做好，一切后果自己承担，绝不找借口，不推卸责任。如此，才能在职场上攻无不克，战无不胜。

2. 守时是最基本的责任

守时是最基本的要求，最基本的礼貌。

惜时守时是中华民族的传统美德，也是一个人的基本道德品质，更是员工在职场上立足最基本的职业素养。那么，何为惜时守时呢？即对时间惜之、珍之，严守约定，按时上班、按时赴约、按时参加会议等，不拖拉，不找借口，惜时守时是对工作尽职尽责的一个基本要求。

然而，很多人在工作中做不到惜时守时，他们经常挂在嘴上的是各种各样的借口："不好意思，路上堵车了，我迟到了"、"今天睡过头了"、"我记错时间了"等等。对工作不守时既是对他人的不尊重，也是对自己的工作不负责任，要成就一项事业或者在职场上出人头地，做不到惜时守时是不行的。

托马斯·威廉是一家公司的业务员，他打电话给客户康纳德先生，约好第二天上午10点钟前去拜访，康纳德先生欣然答应了。第二天早上，威廉按照他预计的时间乘车前往康纳德先生的公司，这家公司在离城市郊区的一个小镇上，城市和小镇中间隔了一条河，威廉只能乘车到河边，然后步行去小镇。

来到河边时，一个好心的路人告诉威廉，他不能再往前走了，因为河面上那座桥前一天晚上坏了，很危险。威廉下了车，看了看桥，中间的确已经断开了一大截，人是过不去的。"附近还有别的桥吗?"威廉焦急地问。

路人回答说："有，不过在河的上游，离这里3.5公里远。如果你现在赶过去的话，还需要40分钟的时间。"

威廉看了一眼表，已经九点半了。他计算了一下，如果现在去走上游那座桥的话，那么再到康纳德先生的公司就迟到了，怎么办呢？威廉环视了一下四周，看到一个伐木工人，他想到了一个办法，就是用圆木搭在桥上走过去。于是，他跟那位工人商量高价租赁他几根木头搭桥，过了桥之后就还给他。很快，伐木工人就把几根木头架在了桥上，威廉谢过伐木工人后，平安地过了桥，一路飞奔，终于在十点之前赶到了康纳德先生的公司。

由于某些原因，他们的生意当时并没有谈成，威廉也没有对康纳德先生提起自己为了按时赴约而租木头过河的经过。但是后来，康纳德先生无意中听人讲了此事，于是他主动打电话给威廉："在我看来，对工作守时的人是非常值得信赖的，我愿意和您合作。您还有兴趣吗?"

就这样，康纳德先生成了托马斯·威廉的忠实客户。

优秀的员工之所以优秀，就归功于他们在工作上的守时，对时间的有效控制，从而变成了时间的主人。这样的人，很容易得到别人的好感和信赖，容易赢得更多的成功机会。现实生活中，很多成功的人都把严守时间当作工作的座右铭。他们认为，要干成一件事，没有严格的时间观念是不行的，为自己的不惜时、不守时找借口的人是不负责任的，当然也是不可信赖的。

惜时守时是有责任心的表现，为自己的不守时找借口，是很拙劣、很不负责任的行为，这种人很快就会失去同事或者合作伙伴的信赖，因为没有谁会愿意跟一个浪费自己时间的人打交道。这种没有责任心的人，办事不能让人放心，老板不会喜欢，客户不会喜欢，同事也不会喜欢的。试问，这种人在职场上怎么可能取得大的成就呢?

很多人上班迟到，"不好意思，路上堵车了"成为了那些不守时员工说得最多的话，因为在他们的意识里迟到一两次没事儿，将时间观念置之脑后。诚然，谁也不能保证预料之外的情况发生，但是不能为迟到寻找借口，不能为失职寻找理由。老板允许偶尔的特殊情况发生，但是他们不能容忍员工为自己找借口，这是对自己工作的不负责，这是在推卸自己本该承担的责任。如果给老板留下这样的印象，那就很难获得老板的认可和信任了。

卡内基大师曾说过："如果你想结交好朋友、成为有影响力的人，就要做到准时。"的确如此，在工作上惜时守时的人总是容易取得老板、顾客以及同事等每一个人的好感和信赖。

在职场上奔波的人，要做到惜时守时并不是非常困难的事情，其实只要加强一点责任心就够了。不要再为自己的不守时寻找蹩脚的借口，要对自己负责、对工作负责，做到惜时守时，做个有担当的人。如此才能立足于现代激烈竞争的社会，做一个合格且成功的职业人。

3．再见，拖延症

目标和机遇都在拖延中功亏一篑。

在公司里，人们经常会听到同事这样说："今天任务很轻松，我先喝杯茶再做吧。""离下班还有三个小时呢，等会儿我再做也不迟。""报告不是周末才交吗？今天不用急。"这种拖延工作的借口乍听上去似乎没什么不妥，反正不耽误事就行了，细细思量，却根本不是这么回事。

时间管理专家皮尔斯曾这样说过：“千万不要以为拖拖拉拉的习惯是无伤大局的，它是一个能使你的计划、抱负落空，破坏你的幸福甚至夺去你生命的恶棍。”为拖延找借口的员工对于自己的工作缺乏必要的责任心，他们只是被动地完成任务而已：如果时间充裕，他们就会浪费；如果时间刚好或者稍微有点紧张，他们的工作就不能按时完成。他们早已为自己的懈怠找好了借口：“等会儿再做好了。”殊不知，在你“等会儿”的时候，成功的机遇已经悄悄溜走，一去不回头了。

艾佳在一家网络公司做网站编辑，她很有才华和创新精神，但是她的效率也总是让人不敢恭维。在工作中，她总是拖拖拉拉，时常不能按时完成老板布置的工作任务，还总为自己的拖延找理由。

有一次，老板将新签约的一个产品宣传方案交给艾佳，并告诉她客户非常急切，要求必须在三天内完成。艾佳接过任务，心想还有三天时间，便将工作暂时放在一边，不急不慌地玩个游戏、刷新下“围脖”、浏览一下团购网站……

当艾佳玩了两三个小时，准备开始工作的时候，却被人力资源部门的领导叫去参加一个半天的培训班。等到培训结束回到办公室之后，艾佳不慌不忙地泡了杯咖啡，这才翻开了那个方案。不过，等到她心不在焉地准备着手时，发现还有半个小时就下班了，于是她干脆停下来等着下班。她想：“不着急，等明天再做工作吧！”

第二天到了公司，艾佳想起有一款游戏已经好久没有玩了，先玩会儿再工作吧。就这样边玩边工作，很快一天的时间又过去了，这时候方案完成了还不到一半。

第三天依然如此，正当艾佳玩得兴高采烈时，老板的电话来了："艾佳，工作进行得怎么样啦？其他同事已经交任务了，你呢？"艾佳这才想起今天已经是第三天了，她以学习耽误了时间为借口，请老板不要着急，自己正在赶工，最终虽然完成了任务，但是后面的部分非常仓促，几乎是在应付。

最后这个方案被客户完全否定了，客户认为这个方案纯粹是在敷衍。为此，艾佳受到了老板的严厉批评和警告。

很多人跟艾佳一样，工作中没有紧迫感，经常不能按时完成任务，而且还特别喜欢为自己的拖延找借口："手头的资料和信息不全啊，还是等到明天再开工吧！"其实，手头的资料足以完成任务的一半了，但是"今天"却被这个借口无情地否定了，好像今天不是工作时间，明天才是。

拖延，是一种很坏的工作习惯，为拖延找借口，更是不负责任的表现。没有责任心的人对工作敷衍应付，得过且过，能拖到明天做的事情绝不在今天着手，能下一分钟开始的事情，这一分钟绝不去想。这种人在接到任务以后，大脑里那个没有责任感的声音就会说："反正领导不着急要结果，等一会儿再做好了"、"先看完这半场球再做，反正耽误不了多少工夫"、"跟老王研究研究，商量商量再做吧"……就这样自己把自己给说服了，然后心安理得地去拖延，把工作往后一拖再拖，白白浪费了大好时间。

带着拖延这种不负责任的念头工作，就像是自己给自己放了假。虽然人在岗位上，但是心早已去休息了，这样很容易降低工作效率，这种做法只会使我们把“现在”这个时间浪费掉。同时，经常不能按时完成任务，也会使人们对自己越来越失去信心，感觉工作压力越来越大，最终导致自己在职场上一败涂地。

很多人常常因为拖延时间而心生悔意，然而下一次又会习惯性地拖延下去。三番五次之后，就会视这种恶习为自然，以致漠视了它对工作的危害。今天把工作推到明天，明天把工作推到后天，许多成功的机会就在一而再、再而三的拖延中失去了。

如果你发现自己经常为了没完成某些工作而制造各种借口，或是想出千百个理由来说服自己拖延也没关系，或者为没能如期实现计划而辩解，那么你已经对自己和工作不负责任了，已经到了很危险的地步了，这时候一定要及时警醒，这样下去，你的成功只能是镜中花、水中月。

拖延是职场上影响人们成功的慢性却足以致命的毒药，是一种危险的恶习。拖延会侵蚀人的意志，消耗人的能量，阻碍人的潜能发挥。一旦遇事开始推脱，就很容易再次拖延，这样就常常会陷入一种恶性循环，拖延导致工作低效和情绪受到困扰，继而又导致了继续拖延，直到变成一种根深蒂固的习惯。为此，人们常常苦恼、自责、悔恨，但又无法自拔，结果一事无成。

大家都知道，拖延并不能解决问题，大家也都不想拖延，给工作造成危害。但是很多人常常无意识地就为拖延找借口开脱，归根结底，还是因为责任心不够强。为拖延找借口，比拖延工作本身危害更大，一旦用这些愚蠢的借口说服了自己，就会觉得这种不负责任的拖延行为是无所谓的、正常的。如此下去，责任心就会像冰山一样一点点融化，最终完全丧失。到那时，即使还能在职场上勉强立足，也不过是苟延残喘罢了，成功会成为永远可望而不可即的海市蜃楼。

所以，要想做个有责任心的人，要想成为一个在职场上取得瞩目成就的人，就要坚决把为拖延找借口的这种恶习消灭在萌芽状态!

4. 不是做不成，而是不想做

若是想做，总能将任务完成；若是不想做，总能找到借口推脱。

有的人在工作中总是不能按时完成任务，若问其原因，他会理直气壮地给出理由：“这太难了，一点办法都没有。”“我能力有限，实在没办法。”“唉，我太倒霉了，做点事情竟遇到麻烦了。”……总之，他们不是认为自己没有好的机遇，就是认为父母和家庭没能给自己提供一个好的平台，或者动辄责怪他人，总觉得别人对不起自己。在他们看来，老板安排自己去做一个“不可能完成的任务”，根本就是跟自己过不去，上司责备自己事情办得不够完美漂亮，一定是妒忌自己的才能……

这些人其实都是没有担当的人，他们是在推卸自己的责任，为自己找借口。机遇不是别人给的，是靠自己去争取的；父母没让你成为“富二代”，但是却把你培养成人，你完全可以通过自己的努力走向成功；老板没给你好差事，上司认为你做得不够好，你有没有问过自己对工作是否尽职尽责了？

在职场上，没有人能随随便便成功，借口再多，也增加不了业绩，提升不了个人价值和能力，对工作中的责任不能勇于担当，而是一味寻找借口，不仅不能达成职场愿望，还会逐渐沦落为无人喜欢的办公室“害群之马”，会破坏整个团队的良好气氛，任何一位老板都不喜欢自己的团队里有这种人存在。

在国科技进步奖的评选中，联想汉卡被评为二等奖。按理说，这个奖项已经很不错了，可联想的老板柳传志却认为，从所创造的经济效益和实现的产值来看，联想汉卡都达到了一等奖的要求，但因为它是一块卡，所以容易给人留下技术含量不高的印象。

他对公关部经理郭为说：“我不要二等奖，我要一等奖。交给你一项任务，把二等奖变成一等奖。”

变更不是件容易的事。在专家组50名专家中，要有10名专家联名要求复议，然后再开大会，其中2/3的专家同意这个复议，才能够变更为一等奖。而且当时，评选结果已经在《人民日报》上公布了。

若换作其他人，可能会很生气，抱怨老板贪心，抱怨老板把烫手的山芋扔给自己。再说了，媒体都公布结果了，还能改变吗？但是，郭为没有拒绝这个任务，也没有丝毫抱怨，他对自己说：“就当是一次锻炼好了，看自己到底能做到什么程度。”

郭为不敢直接去找专家，他担心自己被专家误会“走后门”而弄巧成拙。他首先想到的是借助媒体的力量，比如中央电视台，不妨在有广泛影响力的媒体上宣传一下联想汉卡。这样就能够引起那些专家的重视。

过了一段时间，郭为认为时机到了，他便开始一家一家地登门拜访那些专家，请求他们到公司去，由工作人员再一次给他们展示联想汉卡。就这样，郭为一个人攻下了10个人。

最后，10名专家联名，50名专家开会，联想汉卡拿下了国家科技进步奖一等奖。郭为自然也得到了柳传志更多的欣赏与重用。

借口任务太困难是没有担当的表现，困难就像弹簧，你强它就弱，你弱它就强。当工作上遇到困难时，很多人不是想办法解决，而是习惯找“工作太难，一点也没有办法”的借口推脱自己的责任，安慰自己的畏难心理。这是典型的鸵鸟心态，不敢面对困难，不敢正视责任，这种人永远不能成为优秀的员工。

每个人都该对自己的工作负责。的确，在工作中会遇到很多困难，有时候甚至看似无解，但是面对困难，如果选择一味地逃避责任，不敢挑战自己，不敢迎难而上，是无法激发自己潜力、取得大成就的。如果缺乏面对困难任务的责任心，就无法高质量地完成领导交付的任务，还会打消工作的积极性和创造性，对工作敷衍了事。这种做法，只能导致一个结果：工作做不好，得不到重用。

其实，很多时候困难是与机会为伴的。在工作中，员工应该抱着负责的态度，充分认识到工作中各种困难的积极作用，把克服困难当成锻炼自己能力、促进自己发展的契机，这是彻底消灭“工作太难”借口一个很重要的方法。

海尔集团首席执行官张瑞敏说得好：“不是因为有些事情难以做到，我们才失去了斗志，而是因为我们失去了斗志，那些事情才难以做到。”

带着责任心去工作，不是一句口号，而是一种务实的态度。怀着这样的心态做事，才能够对工作中的困难不逃避、不退缩，在困难面前才不会再找“这太难了，一点办法也没有”这样消极的借口。勇于承担自己的责任，才能够开动脑筋，想出更好的创意，发现别人难以发现的问题，做到别人难以做到的事情，进而让老板发现你的才能，最终实现自己的目标。

如果你总是逃避责任，遇到困难就找借口退避三舍，不敢承担，那么老板自然会认为你没有担当，这样一来晋升之路也就被自己堵死了。老板给员工安排工作，并不是天马行空，老板会参照员工的能力来确定任务，他不会给你一个远远超出你能力之外的任务，白白浪费人力物力的。既然让你去做，老板就觉得你能做好，即使有困难，通过你的努力也应该能够完成，因此，找借口逃避困难是殊为不智的。试想：如果你是领导，一个连本职工作都要找借口逃避的人，你可能将重任交给他吗？

职场上的成功者不需要编制任何借口，因为他们面对困难能担当起责任，不怕迎接任何大的挑战，能勤奋努力地工作。如此，再难的工作任务也能完成。记住：没有过不去的坎，办法总比困难多，与其找借口逃避，不如想个办法再试一次，再坚持一下，也许成功之门就会为你开启。

5. 找借口的习惯，要不得

责任只讲结果，不讲如果。

每个人都有自己的习惯，这种习惯会被不自觉地带到学习和工作中。比如，早上工作前习惯喝一杯咖啡，习惯把一些需要创意的工作任务安排到晚上，那时候灵感更多一些……这些习惯都是无关紧要的，只要不损害身体健康，可以更好地完成任务，就可以持续下去。然而，还有一种习惯，可以说是“陋习”，就不得不戒掉了，比如习惯给自己找借口。

职场中，喜欢找借口的人，不在少数。他们缺乏责任心，习惯为自己的不负责任寻找各种各样的理由。如果第一次利用某种借口，让老板原谅了自己的过错，或是为自己开脱了责任，他们会沉浸在这种暂时的“安全”之中。尝到了借口带来的“好处”，他们就会把这种行为延续到第二次、第三次中。久而久之，形成习惯。

寻找借口，是个消极的心理习惯。一旦借口成为习惯，只要出现问题或遇到困难就会找借口，而不想着怎么解决问题。这种习惯会让责任心消失殆尽，让人在工作中毫无锐气和斗志，变得拖沓而没有效率，最终一事无成。

卡罗·道恩斯原是一家银行的职员，但他却主动放弃了这份职业，来到杜兰特的公司工作。当时杜兰特开了一家汽车公司，这家汽车公司就是后来享誉世界的通用汽车公司。

道恩斯在工作中尽职尽责，力求把每一件事情都做到完美。工作六个月后，道恩斯给杜兰特写了一封信。道恩斯在信中问了几个问题，其中最后一个问题是："我可否在更重要的职位从事更重要的工作？"

杜兰特对前几个问题没有作答，只就最后一个问题做了批示："现在任命你负责监督新厂机器的安装工作，但不保证升迁或加薪。"

杜兰特将施工的图纸交到道恩斯手里，要求他依图施工，把这项工作做好。道恩斯从未接受过任何这方面的训练，但他明白，这是个绝好的机会。虽然自己看不懂图纸，但是工作没有借口，困难再大也要完成，决不能轻易放弃。

道恩斯知道自己的专业技能不强，便自己花钱找到一些专业技术人员认真钻研图纸，又组织相关的施工人员，做了缜密的分析和研究。终于，他提前一个星期圆满完成了公司交给他的任务。

当道恩斯去向杜兰特汇报工作时，他突然发现紧邻杜兰特办公室的另一间办公室的门上方写着：卡罗·道恩斯总经理。杜兰特告诉他，他已经是公司的总经理了，而且年薪在原来的基础上在后面添个零。

"给你那些图纸时，我知道你看不懂。但是我要看你如何处理。如果你随便找一个理由推掉这项工作，我可能会辞退你。我最欣赏你这种在工作中不找任何借口的人！"杜兰特对卡罗·道恩斯说。

靠着这种对工作不找任何借口、尽职尽责的态度，卡罗·道恩斯最终成为一名千万富翁。

很多企业都要求自己的员工做到：只为结果找方法，不为失败找理由。很显然，工作需要的是结果，是业绩，借口再多、再动听都不会对工作结果产生影响。一个优秀的员工对于工作绝不会找任何借口，面对工作，他们总是以极大的责任心去解决遇到的各种难题，“没有任何借口”是他们的行为准则。而那些习惯找借口的员工，永远都不会得到上司的信赖和尊重。

任何一个企业都希望自己的员工能够负责，而不是处处找借口。虽然工作过程中会面临很多困难，但有责任心的员工总是具有强烈的责任心和必胜的信念，责任心促使他们在工作中能够发挥出自己的潜能，不会浪费时间，更不会错过任何机会，这样的员工在职场上必定能够走得更远，更成功。

在工作中，每个员工都应该抛弃找借口的习惯。与其浪费精力去寻找一个像样的借口，还不如多花时间去寻找解决方案。如果把精力专注于工作，相信没有什么问题能够难倒你，圆满地完成了任务，那就更不需要找借口了。

不找任何借口，就可以没有私心杂念，全力以赴地做事；不找任何借口，就可以更好地挖掘自身的潜力，不断提高自己的能力；不找任何借口，专注于工作目标，工作效率就会更高；不找任何借口，勇于承担责任，就会得到更多人的欣赏，成功的机会也就更多。如果员工一开始就不找任何借口、对自己的工作尽职尽责，专注于如何解决问题而不是寻找借口，每次都竭尽全力完成好自己的任务，那么总有一天，会品尝到丰收的果实，在职场上更上一层楼。

在职场中打拼的人，千万不要养成寻找借口的恶习，这种习惯就像健康身体上发生癌变的毒瘤，它能逐渐侵蚀你的责任心，瓦解人的斗志，消磨人的锐气，最终使人走向平庸。养成这种习惯的员工，必将沦为办公室里让人鄙夷的配角，最终会被无情地淘汰。

在职场上不管做什么样的工作，如果想做出成绩，就应当保持一种负责的精神，用负责的态度去对待每一件事，脚踏实地地去做，这样才能够赢得他人的尊重，为自己赢得尊严和机会。当你付出了这份责任心之后，工作自然会给你带来回报，你的付出和成绩会得到上司的肯定和鼓励，老板必将回报你的责任心。

勇敢地承担起责任，抛弃找借口的习惯，你就会在工作中学会大量解决问题的技巧，不断地提升自己的个人价值，这样借口就会离你越来越远，而成功就会离你越来越近，最终梦想成真。

◆第三章 一心不侍二职，忠诚推动责任心

不忠诚的人，难有责任心。古往今来，忠诚之人往往对其职责尽心竭力，先有诸葛亮“鞠躬尽瘁，死而后已”，后有范仲淹“先天下之忧而忧，后天下之乐而乐”，皆是此理。怀忠诚之心，忠于岗位，忠于事业，践行自己的职责。

1. 忠诚胜于能力

忠诚越来越被人们视为个人职业性格的必需品。

当今社会经济飞速发展，职场竞争日趋激烈，人们在工作中都在不断地学习进步，以提高自己的能力、适应激烈的竞争环境，在职场上站稳脚跟。时代在变化，遇到的问题也在不断变化，人们的工作方法会随之变化，能力也在不断提高，但是对工作的尽职尽责和忠诚是永远不能变的。

在现代企业中，有远见的领导人在用人时第一看重的不是能力，而

是个人的忠诚度。企业的用人要求是：忠诚第一，能力第二。能力可以通过培养获得，但是忠诚往往来源于员工个人尽职尽责的职业素质，这个是企业不容易掌控的。忠诚体现在工作上，就是一种对工作的责任心和使命感。因此，将忠诚作为企业用人的一个衡量标准，已经被广泛认可。如果说能力是企业发展的动力，那么忠诚就是企业生存的根本，不可或缺，忠诚比能力更重要。

某国际贸易公司业务部的业务员小刘，平时算得上是一个很有能力的人，他每个月都能拿到不少的订单。但是，有一次部门经理在计算业绩的时候漏掉了一份订单，致使漏发了小刘三千块钱的提成。后来，总经理知道这件事情以后，又补发给了他，但是小刘觉得部门经理是故意的，是妒忌他的能力。

自从这件事以后，他跟部门经理产生了激烈的冲突，并一直耿耿于怀。结果，他在这个公司里看谁都不顺眼了，对待工作也开始应付起来，甚至准备跳槽到竞争对手那里，以此来报复现在的公司。

为了向竞争对手邀功，小刘私下里把公司里重要的客户信息透露给了对方，还给对方提供了自己公司报给客户的底价。凭着小刘给对方提供的这些资料，竞争对手很快动用手段把公司的几个重要客户拉走了。公司里从老板到普通员工都非常着急，小刘却在为自己的阴谋得逞而窃喜。除了这些，他还匿名向当地的工商税务部门举报，抹黑公司的形象，虽然公司没有什么财务问题，但他这样做还是给公司的名誉带来了损害。

经过公司里同事们的观察，最后确定是小刘在背后捣鬼，给整个公司带来了巨大的损失，总经理一怒之下差点要把他告上法庭，最后还是放了他一马，只是把他开除了。

小刘灰头土脸地走了，他以为自己会受到竞争对手那家公司的重用，但是等到他主动找上门去，幻想着一去就能成为骨干的时候，却遭到了冷遇。对方明确地告诉他，像他这样不忠诚的员工公司是不会要的。一个员工如此对待老东家，新公司自然也担心他以后会如法炮制，这样的员工就像一颗随时会爆炸的炸弹，谁知道什么时候，公司就会为他付出巨大的代价？

最后，小刘不仅没得到更好的工作岗位和机会，还落了个恩将仇报的骂名，当地同行业的公司都对他敬而远之，他最后没办法，只好去了外地，从头再来。

小刘虽然很有能力，但是他对公司的责任心却敌不过那点小心眼儿，他的忠诚显然不足以让他恪守职业道德。他的能力在不忠诚于公司的时候，产生了巨大的破坏力，给公司带来了巨大的损失。当然，他自己也没落下什么好处。

作为员工，我们要对自己的工作和岗位忠诚，对自己的企业和老板忠诚。一旦我们失去忠诚之心，就会违反道德准则，或者做出一些有悖于职业操守的事情，最终搬起石头砸自己的脚，受害者还是自己。忠诚胜于能力，只有对企业和团队忠诚的人，领导才会放心地把重要工作交给他，才能把重要的职位交给他，也才能为他提供更好的发展机会。如果一个人的忠诚度被人怀疑，别说有好的职位在等着他，恐怕他连工作的机会都没有。

很多有才华、有能力的人在工作中忽略了忠诚，他们不明白为什么明明自己对岗位能够胜任，做事也没有什么大的失误，那么长时间了，领导就是不提拔重用自己？

这些人也许在刚进入公司时，还是有很强的责任心的。然而，随着时光的流逝，他们的责任心不再保持，对公司的忠诚度也逐渐下降，他们的能力和才华仅仅被浪费在了应付工作上。失去了责任心和忠诚度，他们的能力和才华也很难百分之百地发挥出来。这是一件很可悲的事情，他们不懂得忠诚比能力更重要，老板需要他们忠诚的时候，他们却只剩下了能力。

忠诚是一种理智的职业生存方式，如果员工为了个人利益而置公司利益于脑后，经不起金钱的考验，辜负了企业的信任，无论他有多么非凡的能力和才华，领导都不会对他放心，更不会让他承担很大的责任。因为对于公司，不忠诚的人能力越大，所处的位置越重要，他的不忠对公司造成的危害就越大。这种人肯定是需要领导严加防范的，一旦出现工作失误，老板就会毫不犹豫地辞退他，他想要在职场上获得大的成就就很难了。

那些对公司忠诚的员工，往往有着良好的心态和高度的责任心，他们不会去做不利于公司和老板的事情。哪怕他们的工作普通，职位低下，哪怕他们没什么能力，但是他们会抱着忠诚的态度，脚踏实地地投入到工作中去，尽到自己的职责。这样的人，就像是默默无闻的“老黄牛”，只要对公司忠诚，竭尽全力为公司出力，公司是不会亏待他的。

2. 对公司机密守口如瓶

保守公司机密是基本的职业操守，也是保证个人价值的基础。

说起战争年代那些出卖自己国家和同胞的“叛徒”、“汉奸”，大家无不牙根发痒，恨不得食其肉、饮其血。正是他们把我们的秘密透露给敌人，才使得敌寇长驱直入，造成国土沦丧，人民流离失所，人们恨之甚于恨敌人。

在职场上，这种出卖自己公司机密的人也同样令人发指。虽然他们给公司造成的危害是经济财产上的，但是从本质上来讲，这种出卖公司秘密的不忠行为，跟战争年代的“叛徒”、“汉奸”毫无二致，势必会遭人唾弃和鄙视。

克里丹·斯特曾任美国一家电子公司的工程师，他对工作一直兢兢业业，干得非常出色。但是，由于他所在的这家公司资金不是很雄厚，规模比较小，因而时刻面临着实力较强的比利孚电子公司的压力，处境很艰难。

有一天，比利孚电子公司的技术部经理邀请克里丹·斯特共进晚餐。

饭桌上，这位经理向克里丹·斯特建议，只要他把公司里最新产品的数据资料拿一份出来，这位经理就会给他很高的回报。

没想到一向温和的克里丹·斯特听到这话之后非常愤怒："不要再说了！我们公司虽然规模不大，处境也不好，但我绝不会出卖自己的良心做这种见不得人的事，任何一位恪守职业道德的人都不会答应你这种无理要求的!"

"好，好，好。"这位经理见了克里丹·斯特这种反应，不但没生气，反而接连说了三个"好"字。他颇为欣赏地拍了拍克里丹·斯特的肩膀，"好了，不要生气了，这事就当我没说过。来，干杯!"

不久以后，克里丹·斯特所在的公司因经营不善而破产。克里丹·斯特也随之失业了，虽然他不停地寻找着就业机会，可一时很难找到合适的工作。于是，他只好焦虑地等待着。可是没过几天，克里丹·斯特竟意外地接到比利孚公司总裁的电话，让他去一趟比利孚电子公司。

克里丹·斯特百思不得其解，不知这家实力雄厚的对手公司找他有什么事。他疑惑地来到比利孚公司，比利孚公司的总裁以出乎意料的热情接待了他，并且拿出一张非常正规的聘书，原来他们要聘请克里丹·斯特做"技术部经理"。

克里丹·斯特非常惊讶，他很疑惑，他们这家公司效益很好，公司内部人才济济，为什么偏偏选中了他呢？总裁告诉他，公司原来的技术部经理退休了，他向自己说起了那件事，并特别推荐了克里丹·斯特接替他的工作。最后，总裁哈哈一笑，说："小伙子，你的技术是出了名的优秀，但这不是让你担任这个重要职位的主要原因，你的忠诚才是让我佩服的原因，你是值得我信任的那种人！”

克里丹·斯特一下子明白过来了，原来是自己对原公司的忠诚，自己恪守职业道德的品质，为自己带来了这个难得的机遇。后来，他凭着自己的不断努力，一步一步成为了一名一流的职业经理人。

李嘉诚曾经说：“做事先做人，一个人无论成就多大的事业，人品永远是第一位的，而人品的第一要素就是忠诚。”对公司忠诚的人，他会自觉维护公司的利益，绝不会出卖公司的任何商业机密，这也是一个忠诚的人最起码的标准，是一个职场中人最基本的职业道德。如果员工连保守公司秘密这个最基本的职业道德都不能恪守，那么他不仅谈不上得到更大的发展，就连职场上的立足之地都会失去。

有些人时时刻刻惦记着自己的利益，工作只不过是他们用来谋求利益的手段。在他们眼里，公司的利益和自己毫无关联。这样的人，既不忠于公司，也不忠于工作。只要眼下出现更好的机会，他们就会毫不犹豫地抛弃公司，抛弃自己的工作。更有甚者，会为了一时的利益出卖公司的机密。

泄露公司机密，不仅是一种背叛公司的行为，也是一种最愚蠢的行为，更是一种背叛自己的行为。在出卖忠诚的同时，也出卖了自己的职业道德，对于这种人来说，他靠出卖忠诚来换取利益。但是忠诚是无价的，他把自己“贱卖”掉以后，在职场上就没有什么价值了。这种行为只能使他名誉扫地，不但在原公司中无法立足，任何一个有理智的老板也不会养虎为患、收留这种人的。最终，他将失去自己最大的利益：实现自己人生价值的机会。

有一位才华出众的年轻人，先在某知名大学修了法律课程，又在另一知名大学修了工程管理课程。这样优秀的人才，理应工作顺利，前途无量。可是，事实并非如此，他反而上了多家企业的黑名单，成为这些企业永不录用的对象。

原来，他毕业后，去了一家研究所，参与研发了一项重要技术。接着就跳槽到一家私企，并以出让那项技术为代价做了公司的副总。不到三年，他又带着公司机密跳槽了。

就这样，他先后背叛了好几家公司，许多大公司得知他的品行后都不敢用他。怕哪天又被他给出卖了。如今，他已经被多个企业列入了黑名单，惶惶如丧家之犬。

在职场中，人们更是奉“忠诚”为衡量员工品质的首要标准。如果说智慧和经验是金子，那么比金子更珍贵的则是忠诚。在一项对世界著名企业家的调查中，当被问到“您认为员工最应该具备的品质是什么”时，他们几乎无一例外地选择了“忠诚”。保守秘密，是员工的基本行为准则，也是成就员工自身人生价值的需要。

从古到今，没有谁不需要忠诚。皇帝需要他的臣民忠诚，领导需要他的下属忠诚，夫妻朋友之间需要对方忠诚。在职场上，机密关系到企业的成败，关系到公司的利益和声誉，作为一名合格的员工，一定要恪守自己的职业道德，对公司的秘密做到守口如瓶。严守公司秘密，是员工取得老板信任的重要一环。

对公司忠诚，还要时刻提醒自己，防止自己在无意中泄露公司的秘密。如果保密思想不强，说话随便，那么就很容易说出不该说的话，从而造成泄密。当今社会，信息就是利益，不经意地泄密，很可能使公司处于被动，甚至会给企业造成巨大的损失，造成不可挽回的影响。所以，下属一定要处处以企业利益为重，处处严格要求自己，做到慎之又慎，这才是员工对工作和公司的一种负责任的态度。

职场是个诱惑颇多的地方，所以那些能够守护忠诚的人就更显得珍贵。作为一名员工，你时刻都要牢记：叛徒是没有好下场的。只要你是公司的一员，就有职责为公司保密。恪守你的职业道德，也必将给你带来长久丰厚的回报。

3. 越忠诚，越核心

对企业越忠诚的员工，越容易成为企业的核心人员。

在职场上，我们经常会听到这样的抱怨：

“小孙才来公司两年，我都来了五年了，为什么提拔他做部门经理而不是我呢？”

“平时我跟老王干差不多的工作，怎么老板一下子把他安排到重要位置上，而我还是个小职员呢?”

……

企业和老板在用人时绝不是仅仅看重个人能力，而是更看重个人品质，而品质中最关键的就是忠诚度。在职场上，有能力的人比比皆是，只有那种既有能力又忠诚的人，才是每一个企业和老板渴求的理想人才，也只有这样的人才能赢得老板的信任。

老板提拔任何一位员工都是经过深思熟虑和细致考察的，遇到提拔他人而不是自己的时候，抱怨于事无补。这时候，首先要反思一下自己在哪方面出了问题，尤其是自己对公司的忠诚度。

每一位老板在提拔下属的时候，优先考虑的总是那些忠诚的员工，其次才会考虑员工的能力。换句话说，老板提拔人才时，是从忠诚的员工里面挑选能力强的，没有忠诚度的员工，根本就得不到老板的信任，更没有被提拔的机会。

田伟军是一名退伍军人，几年前经人介绍，来到一家电器工厂做仓库管理员。

虽然他的工作并不繁重，无非就是平时开关大门，来人登记，下班的时候关好门窗，平时转悠一下看看有没有安全隐患，注意防火防盗等。然而，田伟军却沿袭了部队里的一贯良好传统，做得非常认真，一丝不苟。

除了本职工作外，他一有时间就去整理仓库，将货物按区域分门别类地摆放得整整齐齐，使工人入库存货的时候非常方便，并且每天都对仓库的各个角落进行打扫清理，一点儿都闲不住。

田伟军担任仓库管理员五年以来，仓库一直井井有条，也没有发生过一起失火失盗事件，工作人员在提货时都能在最短的时间找到所需的货物，大大提高了工作效率。在工厂建厂50周年的庆功庆典大会上，老板按10年以上老员工的待遇，亲自为田伟军颁发了2万元奖金。很多老职工都不理解，“为什么田伟军才来厂里5年，就能够得到如此高的待遇呢?”

对于很多人的疑惑，老板给出了解释:“在田伟军来的5年里，仓库没有出现一次哪怕是很小的事故，相对于以前三天一小事，五天一大事的情况来说简直有天壤之别。而且其他员工到仓库里入库或出库的时候也可以看到跟以前的区别，作为一名普通的仓库管理员，田伟军能够做到五年如一日地不出任何差错，而且积极配合其他工作人员的工作，对自己的岗位忠于职守，以自己的尽职尽责表达对公司的忠诚，这些都是难能可贵的。”

最后，老板说:“你们知道我这五年中每次检查仓库有过几次不满意吗？一次没有！鉴于田伟军对公司和岗位的忠于职守，我觉得授予他这个奖励天经地义!”

任何一位老板，都是宁愿信任一个能力一般但忠诚度高、敬业精神强的人，也不愿重用一个朝三暮四、视忠诚为无物的人，哪怕他能力出众。在企业中，员工与老板的关系，就像一个个“同心圆”，圆心是老板，而员工分布于离“圆心”不同距离的圆内，忠诚度越高的人，离“圆心”越近，而忠诚度越低的人，则离“圆心”越远，也就是说忠诚度决定了一个人和老板距离的远近，决定了受老板信任的程度。

忠诚的人即使能力不是特别卓越，也会受到老板的重视，公司也会乐意在这种人身上投资，给他们培训提高的机会，帮助他们提高自身的能力和才干，因为这种员工是值得公司信赖和培养的。因此，每一名员工都要有忠于企业的思想。

从前，有一位伟大的国王，统治着幅员辽阔的大地，可惜他没有子嗣。为了继承人的问题他绞尽脑汁，后来他终于想到了一个办法。

国王召集了全国的男孩子，给他们每人发了一粒种子，并且告诉他们：等到来年春天的时候，谁种出的花儿最漂亮，就把王位传给谁。

男孩们都欢天喜地地领回了种子。有一个小男孩，回家按季节把种子种到花盆里以后，每天小心翼翼地照顾它，按时浇水、施肥。他十分期待自己的花儿是最漂亮的。可是，让他失望的是，随着日子一天天地过去，他的种子丝毫没有发芽的迹象。到了开花的季节，看着光秃秃的花盆，他沮丧极了。

国王挑选最漂亮的花儿的日子到了，全国的小朋友们都来了，人人捧着鲜艳美丽的花盆。有高贵典雅的牡丹，有浓郁芳香的玫瑰……那个没有种出花来的小男孩羞愧地躲在后面，端着那个光秃秃的花盆。

没想到，国王没有理会那些种出漂亮花朵的孩子。他径直走到小男孩面前，告诉他，自己决定把国王的位子传给他。人们都惊讶极了。这时，国王说："我给你们的花种都是煮熟了的，根本不可能发芽开花。只有这个小男孩没有欺骗我，忠诚于我的指示，用心地栽培这粒不能开花的种子。把王位交给这样的人，我很放心。”

这个故事告诉我们，在企业里，重要的位置是不可能交给一个毫无忠诚可言的员工的。忠诚是职场上一个人最好的个人品牌，同时也是最值得重视的职场美德，是每名员工都应该具备的素质。忠诚决定了这个员工在企业中的重要地位，这样的员工必将赢得老板的重视和信赖。空有一身技能，但是对企业没有足够忠诚度的人，他们的职业生涯可能是从一个新手变成一个熟练的技师，或者从两千块工资涨到五千块工资，但很难成为企业的核心人员，很难成为职场上的精英。

要想赢得老板的信任，对企业和老板忠诚就是最好的方法。忠诚的员工在企业生死存亡之时，可以与企业共渡难关，是企业生存的命脉；而在企业稳步发展之时，忠诚的员工可以得到老板的信赖，从而委以重任。我们每一个人，都应该做一名忠诚的员工，和老板一起乘风破浪、共创辉煌!

4. 于平凡处彰显态度

在本职工作中兢兢业业、深入钻研，本身就是一种忠诚。

很多人虽然明白忠诚对公司发展和个人前途的重要性，但是却不知道怎样才算忠诚，没有人来向他打听公司的机密，也没有人暗中拉拢他跳槽，自然也就没有机会拒绝别人的这些小动作。那么，是否这样就无法实践自己对工作和公司的忠诚了呢？

很显然不是的，忠诚就是要对工作尽职尽责。在职场上，我们的忠诚是用敬业来实践的。

有些人也许觉得自己只不过工作不是特别认真而已，算不上不忠诚，其实不然。一个对待工作不够认真的员工，其忠诚度本身就值得怀疑。因为忠诚是敬业的基础，只有忠诚，才能激发出员工对工作的责任感和使命感，从而用尽职尽责的敬业心态对待自己的工作。

所以说，忠诚的员工是那些对待自己的工作有敬业精神的员工，忠诚的员工会在自己的岗位上兢兢业业、尽职尽责地工作，他们用敬业来实践自己的忠诚。如果一个人真的忠于职守，忠诚于自己的工作和公司，那么他又怎么可能不敬业呢？

一个下雨天，韩国现代汽车公司的一位员工，在下班回家的路上发现一辆他们公司生产的轿车的雨刮器失灵了，车主正在冒雨修理。车主可能不太懂，摆弄了一会儿后，就跑到一旁去打电话，估计是想找人来帮忙。

此时，对公司的忠诚感和责任感促使这位员工没有对这辆车子无动于衷，他主动走了过去，从自己车上的工具箱中拿出工具，冒着大雨开始对轿车的雨刮器进行修理。

当轿车的主人返回时，发现有人在全神贯注地帮助自己修理车子，非常的感动。经过交谈，他了解到这位热心帮忙的人正是现代汽车公司的员工，如此敬业的员工他还是第一次遇到。

没多时间，这位员工就把轿车的雨刮器修好了，车主万分感激并一再要付钱来感谢他，却被他婉言谢绝了。这位员工不仅义务为他修好了车子，还一再为自己公司生产的汽车给他造成了不便而抱歉。他的这种敬业精神深深地打动了车主，让他对现代汽车公司产生了浓厚的感情，并积极推荐自己的朋友购买现代汽车，成了现代汽车的义务宣传员。

韩国现代汽车公司的这名普通员工，对待自己的工作和公司非常有责任感和使命感，而这种责任感和使命感让他时时刻刻为维护现代公司的形象而努力。在他工作时间之外，在他岗位责任之外，能够主动去维护公司的利益。这样的员工，可以想他在平时的工作中也一定是非常敬业的。

他的这种敬业精神，源于他对现代汽车公司的忠诚，而他冒雨修车的表现，正是他用敬业实践着自己忠诚的真实写照。一个忠诚的员工会时时处处为公司着想，用他的敬业精神维护公司的利益。这样的员工才是忠诚的员工；这样的员工，才是无可挑剔的员工。任何企业都会渴望拥有这样的员工，也不会吝啬于给这样的员工以相应的回报。

平凡的岗位、简单重复的工作、微薄的薪水、日复一日的付出……很容易让人失去刚参加工作时那种跃跃欲试的饱满激情，和对工作的责任感、使命感，他们会习惯性地产生厌倦，对待工作不再尽职尽责，不再严格要求自己，变得浮躁而自大。

也许他们认为，只有自己非常喜欢或者是轻松，外加高薪的工作，才值得去热爱，这样的工作才能倾注自己的忠诚和敬业，才能吸引自己付出更多的努力。然而，他们不知道，在一个公司中，虽然工作有分工，岗位有不同，但责任无大小、无轻重。公司的每一位员工都有责任为公司利益着想，有责任维护好公司的利益。而且越是平凡的工作越能考验一个人对待工作的忠诚度和敬业心，于细微处往往更能考察一个人的责任感。

忠诚体现在平时的工作上就是敬业，敬业不是对工作得过且过地应付，而是要从心底里热爱自己的工作，并任劳任怨地为它全力以赴地付出。忠诚于工作和公司并不是用嘴说说就行的，它需要员工用敬业的精神来付诸行动。在日常工作中，踏踏实实地工作就是实践忠诚的最佳途径。

忠诚的人从来不会怀才不遇，他们在任何岗位上都能够兢兢业业地工作，用敬业实践着自己的忠诚，体现着自己的价值。是金子总会发光，忠诚敬业的员工也一定会在竞争激烈的职场上脱颖而出。

忠诚是员工敬业工作的内在动力，只有忠诚于自己公司的员工，才会尽职尽责、精益求精；只有忠诚，员工才会把敬业作为自己工作的准绳，才能为企业创造出更大的效益。从这个意义上来讲，忠诚永远是企业生存和发展的精神支柱，是企业的立足之本。

不仅如此，敬业还能够让员工的才华有一个施展的天地，也才有权利享受公司给自己带来的利益。忠诚敬业的人能从工作中学到比别人更多的经验，而这些经验是他们提升自己能力的宝贵助力。忠诚能够使人敬业，而敬业精神又能够使人更容易成功，这就是忠诚的力量。无论在何时，员工只要忠诚地对待公司，认真地对待自己的工作，那么即使你的能力一般，也能赢得公司的尊重和认可，获得更多的回报。

成功的精髓在于敬业，敬业源自忠诚的召唤，而卓越的成就需要敬业来造就。敬业是实践我们忠诚的方式，也是我们实现成功梦想的重要途径。因此，我们在职场上，忠于自己的工作和公司，用敬业精神实践我们的忠诚，提升自己的个人价值。

5. 好的坏的，精心接纳

忠于职守，看起来简单，做起来很难，它需要人们平心静气地接纳工作的全部。

在职场上，总有一些员工不安于自己的岗位，对待工作挑三拣四，喜欢找那些简单轻松的工作来做，却将那些复杂困难的工作留给别人。他们并不是做不了，而是不愿意去做，这种做法很明显不是工作能力的问题，而是工作态度的问题，说到底这还是对自己的工作忠诚度不高的一种外在表现。

对待任何工作岗位都要做到忠于职守、尽职尽责。在职场中，企业最欣赏的就是那些能用务实的态度来坚守自己的岗位并能脚踏实地对待工作的员工。对于老板来说，这样尽职尽责、忠于职守的员工是一笔最宝贵的财富，是推动企业不断发展壮大的中坚力量，他们愿意给予这些员工更广阔的发展空间和更多的晋升机会。

一个寒风呼啸的傍晚，一身戎装的约克中士正急匆匆地赶路。当他经过一座美丽的公园时，一个神色焦虑的中年人拦住了他的去路，“对不起了，先生，请问您是军人吗?”

约克中士愣了一下，然后他回答道：“噢，是的。请问我能够为您做些什么吗?”他以为发生了什么严重的事情，这位中年人才向他寻求帮助。

这个人向他解释说，他一直在等军人路过这座公园。因为，他刚才在公园里游玩时，看到一个小男孩一直在哭，就问他为什么不回家？结果那个小男孩说，他跟一群孩子玩站岗的游戏，他演一位站岗的士兵，没有命令是不能离开岗位的。但是天已经快黑了，公园也要关门了，还是没有人来命令他停止站岗。于是，他就一直在那等着。

约克中士不解地问道：“天马上就要黑了，还刮着大风，他为什么不直接回家呢？和他一起玩的那些孩子呢?”

那个中年人告诉约克，现在公园里空荡荡的，和他一起玩的那些孩子大概都回家了。他劝说那个孩子回家，但是那个孩子说，站岗是他的责任，他要坚守岗位，没有命令不能回家。中年人这才想起要找一位军人帮忙。

于是，约克中士和这个人一起来到公园，看到了那个坚守岗位的小男孩。约克中士走过去，敬了一个军礼，说道：“你好，下士先生，我是约克中士。我现在命令你结束站岗，立刻回家。”

“是，中士先生。”小男孩高兴地说，然后向约克中士敬了一个不太标准的军礼，撒腿就跑了。

约克中士对这位中年人说："他是一个称职的军人，很值得我学习。"

坚守自己的岗位，做好本职工作，是一个人最基本的职业道德，也是最起码的职场标准。无论你是领导还是普通员工，无论你是学富五车的大学教授还是目不识丁的农民；无论你是将军还是士兵，只有尽善尽美地完成本职工作，才算是称职。

这位小男孩的站岗"工作"原本是个游戏而已，甚至可以说是没有什么实际意义的。但他却坚持接到离开命令才肯回家，哪怕和他一起玩这个游戏、命令他站岗的小伙伴都把他给忘了。这种坚守岗位、尽职尽责的精神，令人尊敬和感动。试问：假如你是老板，这样的员工你能不喜欢吗?

在企业中，总有一些岗位是大部分人不喜欢去做的，这些岗位要么是脏、累、差的体力劳动，要么是技术含量低的重复性工作，还可能是难度系数太大的"硬骨头"。对这样的工作，很多人都是避之唯恐不及。但工作总要有人来做，因此当这种任务落到一些人头上时，他们就非常不情愿地去应付了事，而不是本着尽职尽责、忠于职守的态度去完成。

任何工作都有轻重缓急、简单复杂之分，假如遇到不喜欢的工作就没有人去做，那么这个工作怎么才能完成呢？这个时候，如果领导把任务交给了某个员工，那么这项工作就是必须要做的，既然如此，何不踏踏实实、尽职尽责地把它做好呢?

无论做什么工作，我们都应该尽职尽责，忠于自己的职守，用心做好每一项工作。要知道，你把忠诚和责任花在什么地方，你就会在哪里看到成绩。只要尽职尽责、忠于职守，你的工作态度终究会被上司赞赏和鼓励，正如同在平凡之中孕育出伟大。

有时候老板让你做一些小事，其实是为了锻炼你做大事的能力。让你在苦、累、难的岗位上摸爬滚打，是为了考察你有没有忠于职守的优秀品质，这才是领导的初衷。那些能够服从工作分配、认真负责的员工会给领导留下顾全大局、吃苦耐劳、扎实用心的印象，从而为自己的发展之路奠定坚实的基础。

忠诚的员工不会因为工作岗位的不同而采取不同的工作态度，无论困难还是容易，复杂还是简单，他们都会用同样的忠诚和责任感去面对。忠诚决定着员工的工作态度，一个对工作岗位做不到忠于职守、面对困难就退缩的员工如何能得到企业的信任呢？同样，一个只会做简单容易的工作和从来都不敢挑战困难的员工也不可能取得真正的成功。老板怎么可能对这样的员工委以重任呢？

事实上，如果想要在职场上获得发展的机会，就不能急功近利、过于浮躁，踏踏实实地做好现在的每项工作，并在工作中不断积累自己的经验，提升自己的能力，增长自己的学识，为自己以后在职场上的飞跃积蓄力量。

◆第四章 小恩也言谢，让责任自动自发

因为感激，所以愈加珍惜。当我们能够对一份工作存有感恩之心时，完成工作的过程会变得更加愉快，我们也会更愿意以自动自发的态度对待工作。无论是抱怨，还是愉快，工作依然要做，既然如此，为何不选择以更积极、更有益的方式迎接工作呢?

1. 不知感恩，难成正果

常怀感恩之心，激发自动自觉的责任感。

人在这个社会上生存发展，应常怀感恩之心。任何事物都是上天赐予我们的礼物，有了这些礼物，我们的生命拥有了一种愉悦的身心体验。我们在生活和工作中遇到的一切悲欢离合，都是上天给我们独特人生的感受，都是值得我们感恩的。

在充满诱惑的职场中，有些人利欲熏心，不懂得感恩，只盯着一时的蝇头小利；有些人遇到工作中的困难就沮丧逃避；有些人为工作中偷

奸耍滑而沾沾自喜。这些不知感恩的人，是无法尽职尽责地对待自己的本职工作的。

对工作不知道感恩，就不能产生发自内心的责任感，从而不能很好地尽到自己的职业责任，自然也就不可能尽善尽美地完成自己的工作任务。这样一来，也就得不到机遇的垂青，成就不了什么事业，最终也难以享受到工作带来的美好回报，实现不了自己的价值，人生将趋于平庸和暗淡。因此，要想成就自己美好的职场人生，我们需要用感恩的心，让责任成为一种自觉。

曹东是一家精工机械制造厂的技术骨干，他从事该行业已经十余年，技术非常精湛。但是由于家庭原因，他需要回到几千里之外的老家重新找一份工作。他离开的时候，老板依依不舍，还额外给他发了一笔奖金，以感激他多年来为企业做出的贡献。

曹东到了广东东莞一家很大的工厂去应聘，负责面试的是该公司的技术总监，他对曹东的能力没有任何挑剔，不过他希望曹东提供原先供职的那家工厂的新式汽车散热器的设计图纸，因为他知道那家工厂在这个项目上一直保持同行业的领先水平。

尽管曹东非常希望得到这份待遇不错的工作，但他最后还是决定放弃。他对那位技术总监解释，自己原先所在的工厂给自己提供了工作机会和优厚的薪资待遇，在工作中领导和同事还教会了自己很多东西，自己跟企业之间不能看成是简单的雇佣关系，自己对那家公司是很有感情的。

最后，曹东说：“虽然我现在离开了那里，但是我不能忘恩负义，为了工作机会而出卖原来的公司和老板。”

这位技术总监说，现在都什么年代了，对老板还需要什么感恩之心啊，不都是为了钱吗？并一再请他慎重考虑一下，并保证公司会给他提供很好的待遇，但是曹东不为所动，坚决起身离开了那里。

没想到，就在曹东还在回家路上的时候，那位技术总监就给他打来了电话，问他愿不愿意做总监助理，在电话中他是这么说的：“你好，其实当你拒绝我要求的时候，我就已经决定录用你了。只有懂得感恩的人才能自觉地对公司忠诚、对工作负责，才能忠于职守、尽职尽责。我们公司正需要你这样懂得感恩的人，我们非常期待你的加盟。”

正是靠着这颗感恩之心，曹东得到了这个令很多人羡慕的位置。

美国作家比尔·海贝斯曾说：“工作不是一种惩罚，也不是人们经过思考后想干的事。工作是一种神圣的安排，是造物主用快乐和有意义的活动填补人类生命的一种方式。”这句话就是说，我们在职场中貌似是在给老板打工，但从根本上来说，我们是为了使自己的生活更富有意义和快乐，是为了实现自己的人生价值。因此，我们要对有工作机会而感恩。

在当今这个竞争激烈的年代，拥有一颗感恩的心可以使人生升值，心态同时也决定了一个人的精神面貌和生活态度。感恩者会充满感激，并会因此而敬业，最终会收获很多；而不懂感恩的人只会得过且过、不思进取，最终吃亏的还是自己。

面对同样的工作，懂得感恩的人会享受到更多的生活乐趣，如果我们把感恩融入所从事的工作，我们的工作责任心就会被点燃，工作的质量也会立即得到改善，就会很容易获得工作的成就感和满足感，在工作时就是快乐的。相反，如果不懂得感恩，就很难对所从事的工作和所在的公司产生认同感和责任感，工作的时候就难以付出满腔的热情和百分之百的努力，这样工作就很容易引起疲劳感和厌倦情绪，最终难以做出卓越的业绩，也就体会不到工作带来的快乐。可以说，懂得感恩和负责是一个人成为优胜者的必备条件。

工作和企业为我们提供了稳定的薪水，解决了衣、食、住、行等生存所需，并让我们在工作中获得成就感和荣誉感，为我们提升个人能力、实现个人价值提供了广阔的舞台，我们有什么理由不对此感恩并珍惜呢？又有什么理由不尽职尽责地去工作呢？

在一个深山里，有一座名寺，方丈大师每年都会让众僧总结一下一年的修行心得。

有一年，寺里来了一位非常想修成正果的年轻人，苦苦哀求方丈允许他出家，方丈答应了，于是，他做了这座寺庙里的一个小和尚。

第一年年底，方丈问小和尚最想说的是什么，小和尚说："床硬。"

第二年年底，方丈又问小和尚最想说什么，小和尚说："食劣。"

第三年年底，小和尚说："告辞。"

方丈望着小和尚离去的背影摇头道："不知感恩，难成正果！"

那些不懂得感恩工作的人，不会自发地对工作产生应有的责任感，他们总认为工作是一件出卖劳动力的苦差事，体会不到工作带来的种种好处和乐趣。因此，他们对待工作总是抱着当一天和尚撞一天钟的心态，得过且过、敷衍塞责。与之相反，那些在工作中怀着感恩之心的人，会珍惜这份上天馈赠的工作，让责任成为一种自觉，用敬业来回报这份工作。尽职尽责地完成自己的任务，并尽情地享受工作中的乐趣，最终收获感恩带来的硕果。

学会做一个拥有感恩之心的人，这样才能让责任成为一种自觉，在工作中主动乐观、积极进取，并最终在工作中实现自我价值，成就阳光人生。

2. 任何工作都有值得珍惜的理由

工作无论平凡还是伟大，都有值得你珍惜的地方。

感恩是一种生活态度，也是一种工作态度。感恩还是一种珍惜，珍惜目前所拥有的一切，家庭、朋友、工作等等，珍惜我们生活道路上的阳光、风雨，珍惜生命带给自己的令人开心或沮丧的各种馈赠和风景。

当一个社会懂得感恩时，世界便少了一份纷争，多了一份和谐；当一个人懂得感恩时，他面对生活便少了一份抱怨，多了一份珍惜。面对逆境，就少了一份浮躁，多了一份沉静；面对工作，便少了一份应付，多了一份敬业；面对责任，便少了一份逃避，多了一份担当。

当怀有一颗感恩的心时，我们会珍惜目前的工作岗位，会把我们的职责看作是自己赖以生存和发展的平台，是上天给我们的珍贵恩赐。既然如此，我们还有什么理由不去尽心尽力地完成属于自己的职责，用我们的敬业精神去报答工作所赐予我们的一切呢？

赵振东和赵振华是一对双胞胎兄弟，两个人从同一所大学毕业后就开始找工作。因为经济危机的影响，那一年的就业形势非常紧张，他们学习的专业都不是十分热门，又缺乏工作经验。因此，想找到适合自己的工作非常困难。后来，他们降低了要求，到一家对学历要求不高的工厂去应聘。

这家工厂正在招聘的岗位是只需要付出力气就能胜任的勤杂工，招聘人员问他们愿不愿意干。哥哥赵振东略加思索后决定留下来，因为他认识到这份工作虽然达不到自己的理想，虽然苦了一些、累了一些，但是只要肯干，还是能挣到钱的，这样就能解决自己的温饱问题，也能够补贴一下家庭，给父母减轻一些负担。所以，他一定要珍惜这个工作机会。

弟弟赵振华对这份工作十分不满，但是又找不到更好的工作，只好跟哥哥一起留下来了。但他留下来纯粹是出于无奈，对这份工作不仅没有感恩之心，还非常反感，因此他工作时散漫无力，做事也敷衍了事。

与弟弟赵振华相比，哥哥赵振东正好相反。在工作中，非常感激老板给了自己这个工作机会，他没有认为大学生就不能干这种体力活，而是完全忘记了自己的学历，把自己当作一名普通的勤杂工，跟那些工人一起，每天汗流浃背地搬运货物，清理卫生，主动去做那些又脏又累的活儿。

弟弟赵振华很不理解，他问：“就这活儿你还干得这么带劲啊！你傻了吧?”赵振东说：“这个工作确实不理想，但是毕竟是我们自己选择的，既然做了就把它做好。而且，这份工作可以给我们带来收入，帮助我们减轻家庭的负担，我们应该感激这份工作，你没看到现在还有很多人找不到工作吗?”对于哥哥的说法，赵振华嗤之以鼻，仍然我行我素。

赵振东每天在自己的岗位上踏踏实实地工作，他的勤恳和敬业给老板留下了很深刻的印象。半年之后，老板就安排他给一位高级技工当学徒，想把他培养成一名技工。

赵振东的敬业和勤奋好学使得他很快成为了一名合格的技工，仅仅一年之后，他就完全可以独立操作复杂的机床了，这让带他的师傅非常赞赏。赵振东一如既往的敬业获得了各级领导的普遍认可，在他们的推荐下，老板提拔他做了自己的助理，这时，赵振东才仅仅进入这家工厂三年。

而他的弟弟赵振华，因为屡次偷懒被领导发现，在多次警告没有效果之后，被辞退回家，靠着他哥哥的工资糊口，成了整个家庭的累赘。

赵振东之所以取得了成功，在于他有一颗感恩之心，对父母感恩促使他接受了不理想的工作岗位；对工作机会的感恩激发了他的责任心和敬业精神，他时刻珍惜自己的工作，无论是做勤杂工、技工，还是做老板的助理，他都用敬业来回报这一切。当他这样做了，他也收获了相应丰厚的回报，新的机会和更高的职位自然会向他招手。

而像他弟弟那样，不懂得感恩、不懂得珍惜工作机会的人，是永远也不会明白工作对于人生的重要意义的，他们激发不起自己的责任心，拿不出尽职尽责的敬业精神对待工作。最终会被职场上竞争的浪潮无情地淘汰，等到失去的时候已经后悔莫及了。有一句话说得好："今天工作不努力，明天努力找工作。"这正是赵振华这类人的真实写照。

人才是企业发展的关键，员工就是企业的核心竞争力，任何一个企业都需要懂得感恩、敬业负责的人才。员工的责任心越强，企业的发展就越快，效益就越高；反之，如果企业的员工不懂得感恩，跟企业离心离德，不懂得要有在其位谋其政的责任感，职业道德缺失，毫无敬业精神，那么这样的企业也许能取得暂时的成绩，但不可能获得持久的发展。因为对于没有责任心的员工来讲，再好的管理制度都是一种摆设，这样的企业再强大也终将崩溃。

对于员工个人来说，如果能培养感恩的心态，我们就会乐观地对待每件工作，即使是在一个不起眼的岗位上，也可以凭借自己的敬业负责，干出骄人的成绩，超越平凡的自己。

因此，在工作过程中，我们要用感恩的心来对待自己的岗位，即便从事的是自己不喜欢的工作，也不能悲观地认为它对你的人生毫无意义，否则你就很难突破消极心态带来的桎梏，做不出卓越的成绩，要成就一番事业的理想也就无从实现，只能作为可望而不可即的梦想了。

在职场上，我们每个人都要怀着一颗感恩之心去珍惜工作，对工作报以极大的热情和敬业精神，全力以赴地去实现自己的岗位职责，用尽职尽责的工作态度和尽善尽美的工作业绩去报答工作所赐予自己的一切。

如此一来，你的工作必然会更愉快，更容易做出成绩，这样还用发愁风雨过后不见彩虹吗?

3. 有人追，才跑得更快

感恩对手，他们让我们变得更加成熟、更加强大。

人们常常把职场比喻成不见硝烟的战场，尽管这种说法有夸大之嫌。虽然这个战场不需要流血牺牲，但是其竞争的激烈程度也是非常惊人的，毕竟这关系着人们的生计，关系着自己的切身利益。

每一个职场中人都难免会遇到对自己构成威胁的竞争对手，这样的对手同自己在工作上你追我赶，在利益和荣誉面前你争我抢，时时威胁着自己在职场中的地位。很多人会对这样的对手产生怨恨心理。更有甚者，还会用不光彩的手段在对手背后使绊子、造谣中伤，无所不用其极。

很明显这种做法是不可取的。因为，即使用旁门左道一时领先了对手，也必将不能长久，要保持对竞争对手的优势，最好的办法就是以对手作为激励自己不断进步的手段，在工作中以极强的责任心提升自己的能力和价值，只要自己有真本领在身，就无惧任何竞争。

1860年，林肯当选总统几个星期之后，决定任命参议员萨蒙·蔡斯为财政部长。当他把这一想法告诉他的团队时，许多人都表示了反对，尤其是大银行家巴恩反应最为强烈。他认为林肯不应该将此人选入内阁，劝林肯三思而后行。

林肯有些疑惑地问他："大家都知道萨蒙·蔡斯是一个非常优秀的人，你为什么反对他成为政府之中的一员呢？"

结果巴恩告诉林肯，萨蒙·蔡斯是一个非常狂妄自大的家伙，当然他也非常有才能。他热衷于追求最高领导权，一心想入主白宫做总统。尽管这次角逐总统失利，私下里他仍然认为自己要比林肯伟大得多。

结果，林肯笑着问道："哦，那你还知道有谁认为自己比我要伟大的？"巴恩摇摇头，疑惑地问："这就不知道了，怎么了？"

林肯说："如果你知道还有谁认为自己比我伟大，一定要及时告诉我，因为我想把他们全都收入我的内阁。"

后来，林肯力排众议，任命萨蒙·蔡斯为财政部长。事实证明，萨蒙·蔡斯是一个非常有能力和才华的人，在部长职位上做得有声有色。但是，对权力的崇拜使他对林肯一直很不满，并时刻准备着把林肯弄下台去，然后取而代之。

《纽约时报》主编亨利·雷蒙特劝说林肯免去萨蒙·蔡斯的职务。没想到林肯却表示自己对蔡斯满怀感激之情，是不可能罢免他的。亨利·雷蒙特对这样的说法难以理解，林肯就讲了这样一个故事：

"雷蒙特，你也是农村人。你应该知道什么是马蝇吧？有一次，我和我兄弟在肯塔基老家犁玉米地，我吆马，他扶犁。这匹马很懒，怎么抽它都慢腾腾地不肯挪窝，但有一段时间它却跑得飞快，我使出全身力气追它都感到吃力。到了地头，我发现有一只很大的马蝇叮在它身上，我随手就把马蝇打落了。我兄弟问我为什么要打落它？他说：‘正是这家伙才使马跑得快的。’”

然后，林肯意味深长地说：“现在蔡斯就像叮在我身上的‘马蝇’，我必须时刻提醒自己不能松懈，不断地向前奔跑，尽职尽责地做好自己的每一项工作。否则，我就会被别人所替代！”

林肯之所以能够成为美国历史上最有影响力的总统之一，除了他自身卓越的能力和才干之外，与他重视、感激萨蒙·蔡斯这个有力的竞争者也有很大的关系。正是这个竞争对手咄咄逼人的存在，使得林肯不敢有丝毫的放松，为了不被他搞到下台，林肯只能以更加负责的态度对待工作，更加谨慎地处理政务。从这个角度来说，萨蒙·蔡斯也是为林肯完美地领导美国做出了巨大的贡献。

在职场上，人的精力本来就是有限的，这些精力全部用在工作上都不一定能做出好的业绩，如果再将过多的注意力放在如何防范自己的对手身上，那么就会浪费宝贵的时间和精力。面对咄咄逼人的对手，我们应该像睿智的林肯那样，把他们当作自己身上的马蝇，不必去打落他，而是尽职尽责地做好自己的工作，不断提高自己的能力，让自己跑得更快。

从林肯讲述的马蝇促使马儿跑起来这个自然界的现象时，我们可以看到职场上的缩影：人们需要竞争对手的“激励”才能不断提高自己。竞争对手是一种挑战，也是一种动力，所以在生活中我们不应该憎恨竞争对手带给自己的压力；相反，我们应该感激他们，因为他们正是激励我们成就自我的原动力。

德国是拥有五个生产世界级名牌汽车公司的国家。

有记者问奔驰的老总：“奔驰车为什么会持续进步，风靡全世界呢?”

奔驰老总回答说：“因为宝马将我们撵得太紧了。”

记者转问宝马老总同一个问题，宝马老总回答说：“因为奔驰跑得太快了。”

德国只有六七千万人，居然拥有五个著名汽车公司，所以它们不得不把竞争的目光从德国转移到全世界。最终，这五家公司都成为生产世界级名牌的汽车公司。

日本的丰田、本田、松下、索尼也是这样，都在竞争中取得了共同进步。美国的百事可乐诞生以后，可口可乐的销售量不但没有下降，反而大幅度增长，这同样是激烈的竞争迫使它们共同走出美国、走向世界的结果。因此，从某种意义来说，这些世界级的大型企业应该感谢自己的对手。正是因为竞争对手的存在、发展和强大，才促使他们自己不能裹足不前，而只能不断地发展壮大。

对于职场上的我们来讲，不仅要学会感激那些激励自己不断进步的竞争对手，还要把对手当作督促自己进步的力量，不断提升自己的价值。我们在工作中不能少了这些对手，他们可以时刻提醒我们不要放松自己，不要忘记自己的岗位责任，不要懈怠应付自己的工作。

正是因为这种对手咄咄逼人的激励，才能使我们更好地发挥出潜力，更加尽职尽责地对待工作，不断提升我们的个人价值，使我们在职场上跑得更快，并越来越接近我们预定的目标。

4. 幸好有你，陪我一同奋斗

与同事共处，需要一颗感恩之心。

有人觉得，同事不过是在公司里见的次数多一点罢了，没什么特别的。自己做出了成绩也是自己努力的结果，跟同事的帮助和配合关系不大。团队的共同发展只需要各自做好自己的本职工作就行了，对同事不必有感激之情。事实真的如此吗?

我们日复一日、年复一年地在职场上打拼的时候，跟同事相处的时间是最多的，从作为职场新人进入团队开始，就不可避免地要跟同事产生联系，不断得到同事们的帮助和指导，工作中互相团结协作，为了一个共同的目标而努力。这种关系放在战场上，我们就是不折不扣的“战友”，同事对自己的影响无疑是巨大的。因此，我们对同事需要感恩，激发自己的责任心，完成自己的工作，为团队贡献一份力量。

井深大加入索尼的时候，索尼还只是一个二十来人的小企业。老板盛田昭夫将他安排在一个非常重要的岗位上，授权他全权负责新产品的研发工作。虽然井深大对自己的能力充满信心，但他深知这项工作绝不是靠一个人的力量就能做好的，要想做好研发工作需要多个部门和同事共同合作才能完成。但是他不知自己能不能得到他们的协助。

盛田昭夫明白井深大的担心，于是告诉他，公司拥有一个成熟而和谐的团队，尽管大家都是初次接触这个领域，但是只要他能迅速融入这个团队，同事们都会好好配合他的，请他放心好了。

听了盛田昭夫这番话，井深大一下子茅塞顿开："对呀，不是还有二十多个员工吗？我怎么光想着自己单打独斗呢？我完全应该融入这个集体。只要我虚心向他们求教，对他们的帮助和配合诚恳地说出自己的感激，又有什么困难不能战胜呢？"他决定为了公司和自己的前途跟同事们一起奋斗。

随后，井深大积极行动起来。他首先找到了销售部的同事，虚心地请教公司产品销路不畅的原因。同事告诉他，现在生产的磁带录音机之所以不好销，一是太笨重，二是价钱太贵。所以，他们提出的建议是，新产品最好轻便、价格低廉。井深大非常感激，对他们每一个人都说了一遍："谢谢。"

紧接着，井深大又来到技术部，这里的同事告诉他，目前美国已经开始采用先进的晶体管技术作为生产收音机的核心技术，这种新技术不仅可以极大地降低成本，而且可以让产品变得非常轻便而且耐用。听到这里，井深大大喜，这不正是销售部同事说的需要解决的问题吗？

同样的，他对每一个同事也真诚地表达了自己的感谢。

接下来在研制新产品的过程中，井深大又和一线生产工人团结起来，精诚合作，井深大对每一位配合他工作的同事都报以真诚的感谢，这使得同事们对他非常认可，大家在工作中也满怀热情，大大提高了工作效率，经过他们的奋战，终于试制成功了日本最早的晶体管收音机。

这一新产品为索尼公司带来了空前的成功，而井深大本人也被任命为索尼公司的副总裁。

在工作中如果把同事的帮助和协作看成理所当然，不懂得感恩的话，就不可能建立起和谐融洽的人际关系，也就不可能发挥出整个团队的最大战斗力。自己从同事那里得到了帮助，就应该适当地表达出自己的感恩，在以后的工作中也要不耻下问，诚心感激。知恩图报是做人的基本道德素养，也是在团队中提高整体战斗力的职业要求。

希尔顿连锁酒店创始人康拉德·希尔顿在培养员工团队合作意识的时候曾经这样说："一群人在一起工作，其效果并不像 1+1=2 那样简单。两人协力的结果，可能 3 倍甚至 5 倍于一个人的力量。相反，如果相互不合作，效果可能是 0。"团队的发展跟我们密切相关，如果我们懂得感恩，就能激发自己的责任感，不断提高自己的工作能力。同时，还会赢得同事更加主动的协作和帮助，从而提高团队的整体战斗力，实现团队工作效率的最大化。

有一次阿里与他的好友吉伯、马沙一起外出旅行。三个人经过一处陡峭的山路时，马沙突然失足滑倒，眼看就要摔下万丈山崖。就在这危急时刻，吉伯一下抓住马沙的衣襟，用力将马沙拉了上来。为了记住这一恩德，马沙在路边一块大石头上刻下了这样一行字：“某年某月某日，吉伯救了马沙一命。”

三个人继续向前走。在海边，因为一件小事，吉伯和马沙吵了起来。吉伯一时冲动，打了马沙一记耳光。但是，马沙没有还手。他跑到沙滩上，在沙滩上写下了一行字：“某年某月某日，吉伯打了马沙一个耳光。”

旅游结束后的一天，阿里问马沙：“你把吉伯救你的事刻在石头上，而把他打你的事写在沙滩上，这是为什么呢？”

马沙回答说：“我要永远感谢并记住吉伯的救命之恩。至于他打我的事，我想让它随着沙子的流动、海水的冲洗逐渐忘得一干二净。”

马沙是一个非常智慧的人，因为他能够正确对待恩惠和怨恨，所以他收获了快乐和尊重，这一点是值得我们学习的。

然而，在生活中，很多人的做法与马沙相反。他们总是对同事给予的帮助不以为然，把同事的付出看作理所应当的，时间一长便很快遗忘；有的人虽然得到别人的帮助时心存感激，但却不懂得回报，更不会或者不屑于表达自己的感激。当然，也不乏有人不辨是非，恩将仇报。

身在职场，同事之间要互相理解，互相帮助。对于同事对自己哪怕很小的帮助，都要由衷地表示感激，对于同事间偶尔发生的误会和摩擦也不要耿耿于怀。如果能做到这些，我们的工作就会更加和谐，团队的发展也会更加顺利。

5. 因为感恩，所以珍惜

怀感恩之心，所以愈加珍惜得来不易的一切。

感恩和自省仿佛一对形影不离的孪生兄弟，懂得感恩的人必然会常存敬畏之心，经常反省自己，寻找和审视自己的缺点和不足，从而不断地扬长避短、提高自己。感他人之恩，责己身之过，不仅仅是做人的基本要求，也是每个人在工作中都需要具备的素质。

每个人都有自己的优点和长处，也有各自的缺点和不足。在工作中，我们往往不能正视自己的缺点和短处，有时候甚至故意回避忽视，这样的做法是不合理的，是不利于我们成长提高的。

我们要想在职场中不断进步，把工作职责之内的每一件工作都做好，就必须经常反省自己，纠正自己的缺点，弥补自己的不足，这样才有能力尽职尽责地完成工作。感他人之恩，责自身之过，这是每一个有责任心的员工对自己的要求，因为只有这样，我们才能逐渐提高自己的各项能力，胜任不同岗位上的工作。

27 岁的原一平在职场上经历了多次失败之后，希望进入保险业发展，他怀揣着自己的简历和梦想，走入了明治保险公司的招聘现场。

原一平身高只有145厘米，体重只有50公斤，这在众多的面试者中显得尤为显眼。一位刚从美国归来的研习推销术的资深专家作为面试官接待了原一平。他只看了原一平一眼，就认定这个瘦小的年轻人不能胜任保险工作。他告诉原一平，公司规定每个员工每个月要完成1万日元的业绩，恐怕他难以胜任，请他另谋出路。

原一平不服输的劲头上来了，他再三地强调自己可以胜任这份工作。结果，考官答应了原一平做一名“见习推销员”。

尽管原一平非常努力，但是奔波了七个月后，他却连一份保险都没有推销出去。为了省钱，他只好步行去上班，中午也不吃饭，晚上睡在公园的长凳上，跟流浪汉一样穷困潦倒。

有一天，原一平遇到了伊藤道海法师，法师指点他：“一个人之所以难成大器，最主要的原因在于不能反省自己，不能不断地超越自己。”这番话给了原一平很大的震动，他明白了一个道理：要想成功先要毫无保留地彻底反省，然后努力改造自己。

此后，原一平除了每日自省，还连续六年举办每月一次的“原一平批评会”，来征求同事、家人和朋友们对于自己的批评和意见，他甚至还花钱请征信所的人调查自己的缺点。对于指出他缺点的人，他都非常诚恳地表示了自己的感激之情，并恳求他们继续指点自己。

在认识到自己的缺点之后，原一平下定决心把它们改掉，就这样一次又一次地不断超越自我。原一平虽然痛苦，但是快速有效地提高了个人能力。

此后，原一平在职场上取得了空前的成功，连续多年成为保险业的推销之王。但是，每次在公共场合讲话，他都强调自己一直对启蒙老师伊藤道海法师和自己的客户深怀感恩之情。他说，伊藤道海法师指点自己从一个失败的职场菜鸟蜕变成职业精英，而自己的客户慷慨地把订单交给自己，是自己的衣食父母。

36岁时，原一平成为美国百万圆桌协会成员，并协助设立了全日本寿险推销员协会，长期担任该协会的会长。后来他还荣获了日本天皇颁赠的“四等旭日小绶勋章”，连当时的日本总理大臣福田赳夫都羡慕不已，他当众慨叹道：“身为总理大臣的我，只得过五等旭日小绶勋章。”可以说，原一平在职场和人生中都达到了一个令人瞩目的高度。

一个懂得感恩自省的人，会珍惜周围的一切，善待别人。因为感恩，遇到工作中的困难或人际交往中的不愉快时，他也不会抱怨，不会指责他人的不是，或者推卸责任，而是从自身找原因，反省自己的错误，不断使自己的能力和素质得到提高，使自己在任何岗位上都能游刃有余。这样的处事态度，既有利于人与人之间关系的和谐，也有利于个人的成长和进步。

要想超越自己目前的成就，提高自己的价值，就不要回避自己的不足、作茧自缚。只有勇于自省，不断反思自己的缺点和短处，感激他人给自己提出的意见，努力改正，才能超越自己，获得更好的发展。原一平的成功源于他的感恩和自省，每一次自省都使他不断地打破自身局限，战胜自己，从而达到新的境界和高度，获得新生。

工作中，一个人要想赢得老板的信任和尊重，就应该怀有感恩之心，勇敢地承担起责任，努力地工作。与此同时，随着自己工作岗位的变化，必然有更多的问题需要解决，这就需要我们时刻自省，不断培养和锻炼自己的能力，改正自己的缺点，使自己逐步胜任不同的岗位责任。

古人说“吾日三省吾身”，我们只有不断反省、认识自己，才能更好地超越自己、完善自己。丑陋的毛毛虫不经历蜕皮的痛苦，就不能化成美丽的蝴蝶。我们要想进步，不再被身上的弱点和缺点所束缚，也要勇于从内心里反省自己，从思想到行动上重塑自己。

在日常生活中，我们往往能够轻易地原谅一个陌生人的过失，非常大度地体谅别人，却经常对自己的老板或同事的无心之失耿耿于怀。对待工作中的暂时困难不是积极反思自己的不足，而是抱怨自己遇到的各种不如意，动辄为自己的失职寻找借口开脱，以致忘记了自己在职场上应该谨守的两大职业素质：感恩和自省。

因为感恩，所以珍惜；因为自省，所以超越。我们一定要用感恩的心态去面对一切，这一切包括我们工作中的顺境和逆境，包括我们的朋友和对手。懂得感恩自省的人，在工作中一定会努力不懈，尽职尽责，只要我们坚持下去，最终我们一定会成长为职场中的精英。

◆第五章 做事就要成事，将责任执行到底

很多人强调：做事只在乎过程，不在意结果。可实际上，任何事情的起始都源于想要达到的结果。一口井挖得再深再好，如果得不到水，它也只是一口无用的井。所以，在工作中，我们要以结果为导向，将责任贯穿始终，确保最终的结果准确无误。这样，才能让工作变得有效，所有的责任付出才不会付之东流。

1．1%，界限平庸与精英

平庸和精英的差别也许就是那1%被忽视的缺憾。

在工作中，我们常常会听到这样的说法：“我是个新手，把活儿做成这样就不错了。”“这套模具加工完成后，跟图纸要求的误差很小，也算可以了。”“今天加工了300个零件，才出了10个次品，在车间里我是技术最高的了。”

在数学课上，如果100分是满分，那么差一分就是99，这也是响当

当的高分了；但是在工作中，有时候仅仅差一分结果却等于 0。在客户服务中有这样一个公式：99%的努力 +1%的失误 =0%的满意度。也就是说，纵然你付出 99%的努力去服务于客户，去赢得客户的满意，但只要有 1%的失误，就会令客户产生不满；如果这 1%的失误，正是客户极为重视的，就会使你前功尽弃，以往 99%的努力将付诸东流，最终失去这个客户。

99%不等于完美，企业要想在商场上无往而不利，个人要想在职场上脱颖而出，就不能满足于 99%，不能忽略那个看起来微不足道的 1%。这个 1%，或许正是平庸与精英、失败与成功之间的根本区别。

摩托罗拉公司历来非常注重产品的质量，力求使自己的产品达到零缺陷。为此，公司派出了很多考察小组，学习各个工厂的先进经验，并且雇用了一批专门“吹毛求疵”的人来对产品质量进行严格把关，结果使产品合格率达到了 99%以上，很多人都觉得可以了，但摩托罗拉高层仍不满意，他们继续想办法提高。

后来，公司高层给所有的摩托罗拉员工都发了一张小卡片，上面标示着公司的新目标：今后公司所生产的手持设备的合格率要达到 99.997%。包括他们公司的某些员工在内，很多人认为这是一个不可能完成的任务。

为此，公司专门制作了一盒录像带，解释为什么 99%的合格率仍然达不到要求。录像带里说明，在美国，如果每个人都满足于自己的工作成果达到 99%的要求，而不是追求更高，那么：

每年大约会有11.45万双不成对的鞋被船运走；

每年大约会有25077份文件被美国税务局弄错或弄丢；

每年大约会有2万个处方被误开；

每天大约将有3056份《华尔街日报》内容残缺不全；

每天大约会有12个新生儿被错交到其他婴儿的父母手中。

更严重的是，如果是对于将性命托付给摩托罗拉无线电话的警察而言，1%的产品缺陷率也许恰恰是致命的危害。

摩托罗拉人都被深深震撼了，他们带着强烈的责任感继续努力地工作着，终于超越了这个接近完美的99%。高品质的产品还使得摩托罗拉减掉了昂贵的零件修复与替换费用，仅此一项就节省了数额庞大的资金。

后来，摩托罗拉还获得了一个在美国企业界含金量巨大的奖项——美国国家品质奖。

不论是个人还是企业，如果满足于99%的工作成绩，那么就会把自己放在一个看似很美、实际上却很危险的境地里，那个被忽略的1%，也许正是压垮骆驼最重要的一根稻草。只有不满足于99%，才能激发出更大的潜力，才是真正对工作结果负责任。

摩托罗拉在产品合格率达到99%的时候，没有满足，而是提出了更高的目标。摩托罗拉的员工用自己的责任感和使命感造福了社会，同时自己也获得了丰厚的回报。

工作上，每个人的岗位虽然有所不同，职责也有所差别，但任何工作对责任和工作结果的要求都是一样的。每个老板也都希望自己的员工能够把工作做到完美，而不是躺在 99%的功劳簿上睡大觉，1%的差距绝不是一步之遥，而是发展与没落的分水岭。那些卓越的精英与普通员工之间的差别，往往就在于这个微不足道的 1%，他们绝不会满足于把工作做到 99%，他们追求的是完美无缺的工作结果，是最大化的工作业绩。

第二次世界大战中期，美国伞兵在战争中扮演了重要角色。当时，为了提高降落伞的安全性，美国空军军方要求降落伞制造商必须保证 100%的产品合格率。但是降落伞制造商一再强调对于工业产品来说，99.9%的合格率已经够好了，任何产品也不可能达到 100%，除非这项工作由上帝来干。

军方非常愤怒，因为 0.1%的缺陷率就等于说，每 1000 个士兵中就可能有 1 个士兵为此付出生命，这对数量庞大的美国伞兵而言，意味着大量鲜活生命的消失。于是，在交涉不成功的情况下，美国军方决定从每一周交货的降落伞中随机挑出一个，让降落伞制造商负责人穿上，亲自从飞机上跳下，来检查产品质量。

奇迹发生了，降落伞的合格率竟然突破了那个微小的 0.1%，达到了 100%。

只有在体会到了切实的生命威胁之后，厂商才意识到 100%合格率的重要性，才激发出真正的责任感，从而创造了奇迹，为盟军的胜利做出了巨大的贡献。

不怕做不到，就怕想不到，或者虽然想到了但是没有足够的责任感，而不去做。毋庸置疑，满足于99%的工作态度，经常会使工作中的诸多努力化为乌有，导致失败。这与完美的工作结果之间隔着一条巨大的鸿沟。只有对待工作永不止步，追求完美，才是真正负责任的态度；也只有拥有这样的责任感，我们才能最大限度地激发自己的潜能，突破自己的瓶颈，使自己的能力和业绩更上一层楼。

那些以做到99%为满足的员工，他们的责任心是远远不够的，不能把任务做到完美，也就不会得到老板完全的肯定和信任，也绝不会有太大的成就。其实，很多人距离成功只有一步之遥，却总过不去那1%的坎。只有真正做到对结果负责，把工作做到完美，才能在职场的转角处见到曙光。

2. 让问题到你为止

一定要具备发现问题、解决问题的能力。

美国总统杜鲁门是个对工作要求很高的人，他在办公桌上贴了一张纸条，上面写着“Book of stop here”。在美国拓荒时代，有个传水桶的活动，水源离用水地有一定的距离，需要靠传递水桶来运水。后来人们就把这种传递引申为“把麻烦传给别人”。而“Book of stop here”翻译成中文就是“问题到此为止。”这就意味着，我来承担责任，我来解决问题。

责任感是一个人不可缺少的职业精神，而责任的核心就是解决问题。大多数情况下，人们乐于解决那些比较容易的事情，而把那些有难度的事情推给别人，这就是对待自己的工作不负责任。要做一个真正负责任的员工，就要让问题到你这里终结。

一个人在职场中的价值体现在他解决问题的能力上。一个责任感强的员工，是为公司和老板解决问题而存在的，而不是面对问题束手无策，关键时刻掉链子、吃闲饭的。

李嘉诚先是在茶楼做跑堂的伙计，后来应聘到一家企业当推销员。他认为，一个推销人员最重要的就是不论遇到什么困难，都要千方百计地把产品推销出去。

起先，他推销的产品是镀锌铁桶。当时，这是个竞争激烈的行业，绝大多数推销员都紧盯着那些小杂货铺，为了增加业绩绞尽了脑汁却收效不大。李嘉诚没有被困难吓倒，他以极大的责任心激励自己开拓思路，终于想出了办法：把推销重点放在大酒店和中低收入阶层的家庭之中。直接向大酒店推销可以使这些酒店节约成本，而且送货上门的服务也省了他们很多麻烦。因此，他很快拿下了这个市场。对于那些中低收入家庭，他独辟蹊径地专门向那些老太太推销。因为老太太喜欢串门唠家常，只要有一个买了，她们就会自动宣传，拉一群人来买。果然，这一方式也取得了巨大的成功。

后来，李嘉诚改销塑料产品，仍然把解决问题当作自己的核心责任。

有一次，李嘉诚去写字楼推销一种新式塑料洒水器，一连走了好几家都无人问津。他没有向老板诉说这份工作是多么困难，而是更加积极地动脑筋想办法去解决问题。

后来他到一家办公大楼的时候，恰好遇到清洁工正在打扫卫生，他看到楼道里有些灰尘很不容易清理，于是灵机一动，没有直接去推销产品，而是用自己的洒水器主动帮清洁工把水洒在楼道里。

经他这样一洒，原来脏兮兮的楼道，一下变得干净了许多。这一做法，无声地宣传了自己的产品，起到了很好的效果。结果引起了采购人员的兴趣，一下子向他采购了十多台洒水器。

后来老板在考察他的推销业绩时发现，他的业绩竟然是第二名的七倍！

任何人的成功都不是偶然的，在成功光鲜的表面背后，他们自有其成功所必需的职业素质。就像李嘉诚一样，这些成功的人能够做出不同寻常的成绩，是因为他们对工作充满责任感，对自己严格要求，遇到困难不推脱不畏惧，积极主动地去努力寻找解决问题的办法，并最终让问题终结在自己的手上。

因此，如果我们在工作中遇到不容易解决的问题，千万不要着急推给同事或领导，要勇于承担，把这些困难当成一种难得的经历、一笔宝贵的财富，好好利用，以负责任的心态要求自己必须解决它。在面对困难时，我们往往能开动脑筋，发挥出更大的潜力，获得更快的进步，这无论对企业还是个人，都是很有意义的。

职场是一个竞争激烈的地方，也是机遇所在。我们要想在这样的状态下取得成功，就一定要有一份强烈坚定的责任心。面对工作中的任何问题都要做到不悲观不抱怨、不退缩不放弃，积极主动地去解决，力求完美的工作结果。

北宋时，京都汴梁的皇宫遭遇火灾，大量宫殿被焚毁。

当时的皇帝是宋真宗，他严令大臣们必须在一个月内修复宫殿，否则就会重重责罚。在当时的情况下，这个修复工程有三个不利因素：交通不便、时间紧迫、工程量大。几乎所有的大臣都认为无法如期完成，而抗旨的下场是相当可怕的，大家都非常着急。最后，丁谓决定解决这个难题。

他命人先把皇宫前的大街挖掘一条宽阔的深沟，然后利用挖出来的土烧制成砖瓦，这样就解决了建筑材料的问题；又把京城附近的汴河水引入深沟，做成了一条运河，用船把建筑材料直接运到工地，解决了运输问题；等新宫殿建成以后，他又把建筑废料填入深沟，修复了原来的大街。

这一方案一举解决了建筑材料、运输和清理废料三个问题，如期完成了宫殿的修复工作。皇帝大加赞赏，丁谓也就更加受到重用了。

在职场上，老板总是喜欢那些不畏困难，勇于担当的员工，如果我们遇到困难就把它推给自己的老板，那么老板就不用做别的了，整天跟在我们后面收拾残局好了。员工在自己的岗位上遇到的困难，都是自己职责范围之内的，我们有责任在自己的岗位上解决它，不能把问题推给别人，拖累整个团队。不然，迟早会失去自己的位置，被别人取而代之。

松下电器创始人松下幸之助说过这样一句话：“工作就是不断发现问

题，分析问题，最终解决问题的过程。晋升之门将永远为那些随时解决问题的人敞开着。”

员工的职责是为企业创造效益，只有把岗位上遇到的问题彻底解决，才能更好地为企业贡献力量。老板看中的是工作结果，而不是过程，如何解决问题正是员工的责任所在。责任的核心是解决问题，我们要做一个负责任的员工，要成长为一个成功的职场人，就要牢记这一原则，并在工作中认真地实践它，做一个“问题终结者”。

3. 负责，是能踏踏实实做事

任何宏伟志向，都是由一步一步的积累而实现的。

很多人都期待着在职场上大展拳脚，恨不得一夜之间就做出一番事业来。这种热情和理想是很好的，但是要想成功，需要我们负责任地把手头的每一件工作都踏踏实实地做好，一步一个脚印地去实践自己的职业理想。罗马不是一天建成的，升职加薪也不是天天都有的机会，要想在职场上出人头地更不是一朝一夕之功。

不积跬步，无以至千里；不积小流，无以成江海。自古以来，人们都强调做事要脚踏实地、知行合一。很多时候，人们都习惯把负责变成空谈，不能脚踏实地地去做事。无论是企业的成功还是员工个人的成长，光有空想或者口号，或者仅仅有一个负责的要求是不行的，要达成目标，要做到对工作真正负责，就必须从脚踏实地开始。

在肯德基准备进入中国市场之前，公司首先派了一位代表来中国考察市场。他来到首都北京之后，看到街道上人来人往的热闹场面，顿时信心大增，仿佛看到了肯德基进入中国市场之后财源滚滚的美好前景。因此，他没有再去做细致的调查工作，就认定这个巨大的市场必将适合肯德基的发展。

带着这份美好的想象，他马上回到公司向上级描述了这个巨大市场的美好前景。但是，上司仔细询问了他的工作情况之后，明白了他并没有做出详细缜密的调查。因此，还没等听完他的汇报就停了他的职，而且另派了一位代表来接替他。

新代表是一个脚踏实地的人，他来到北京之后，进行了大量的实地走访。他先在几条主要街道观测了人流量。之后，他还请不同年龄、不同职业背景的人对他们公司的炸鸡进行品尝，并详细询问了他们对炸鸡的味道、价格等各方面的意见。

除了这些工作，他甚至还对貌似跟他们毫不相干的北京的油、面、蔬菜、肉等生活日用品进行了广泛的调查，走访了许多生产鸡饲料的厂家询问价格和销售情况，最后他将这些翔实的数据做成报告带回了总部。

根据这些资料，公司有针对性地制订了进军中国市场的计划，然后让这位代表带领一个团队回到北京。从此，肯德基打开了中国这个巨大的市场。

肯德基要打入中国市场，光有大口号、大志向是不够的，首先要做好前期的市场调查工作。这个工作的重要性不言而喻，可以说考察结果直接决定着公司的战略方向和经营计划。因此，脚踏实地地获得真实有效的各种数据资料就成为考察代表最重要的责任。

虽然两位代表的任务都是考察市场，为肯德基进入中国市场提供参考资料，但是在对待自己责任时的表现却有很大差别。第一个代表只是满足于看到了表面现象，并未实实在在进行细致考察，就兴高采烈地回复上司去了；而第二个代表则踏踏实实地去行动，从而圆满完成了自己的任务，做到了真正地对工作负责。

一个人在职场上到底能够走多远，能达到什么样的成就，归根结底还是要靠自己。不要迷信什么奇迹，未来就掌握在脚踏实地做事的人手中，一步一个脚印地对待自己的工作是对负责最好的注解。万里长征需要一步步去丈量，要想取得出色的成绩，要想在职场路上走得更远，我们就要脚踏实地，用负责的态度和工作成绩为我们的成功奠定基础。

有些人在工作中很有创意和能力，但是缺乏务实的精神。他们无法沉下心来做好手头的每一件事情，总是停留在纸上谈兵阶段，不能把责任实实在在地完成，总幻想着一步登天。这样的人非常可惜，他们虽有成功的头脑和能力，却缺乏成功所必需的责任心和脚踏实地的工作态度。所以，他们的理想注定只是永远捞不起来的水中之月。

很多企业在车间或者办公室的墙壁上张贴着各种各样的口号，但是，有多少员工按照这些口号的要求踏踏实实去做了呢？员工们对待工作流于形式的应付，不过是使这些口号成为一种讽刺罢了，不能踏踏实实做事的企业和员工，早晚要在竞争激烈的社会中黯然落幕。

杰克·韦尔奇是通用汽车集团原董事长兼CEO，他被誉为“最受尊敬的CEO”、“全球第一CEO”、“美国当代最成功最伟大的企业家”，成为职场和商场上神一样的人，被许多人崇拜着。

2004年在北京举办的“杰克·韦尔奇与中国企业高峰论坛”上，一位中国的企业家曾这样问杰克·韦尔奇：“我们大家知道的都差不多，但为什么我们与你的差距那么大?”

杰克·韦尔奇的回答是：“你们知道，但是我做到了。”

这个答案简单得出人意料，但却道出了成功的真谛：负责不仅需要知道自己的责任，更要脚踏实地地去做!

在工作中只有把负责落到实处，踏踏实实地用实际行动把口号变为现实，才能真正尽到自己的岗位职责，为企业创造价值。如果每一个员工都能在自己的岗位上真正负起责任来，脚踏实地地把工作做好，何愁工作没有业绩？何愁公司没有效益？又何愁自己在职场上没有前途呢？

在企业中，能够脚踏实地工作的员工更有责任感，他们对工作和公司的责任感是能够真正付诸行动的。只有这样务实的工作态度，才能用积极的心态面对工作中的各种困难，不论事情简单还是复杂，都能抛弃浮躁、摒弃幻想，一丝不苟地去完成工作，始终坚定不移地向自己的职业目标迈进。这样的人，必然能够享受到实现自己职场理想后的快乐。

4. 成绩，最好的证明

口头上的宣扬永远不如实际的结果令人信服。

在工作中，有这样一种现象：老板安排差不多的工作给两位员工去做，其中一位员工每天起早贪黑，连周末都不休息，弄得心力交瘁，但是结果却不尽人意；另外一名员工，从来不需要加班加点，每天工作效率很高，对工作游刃有余，总是能给老板交上一份满意的答卷。如果你是老板，在需要提拔一位员工让他承担更大责任的时候，你会选择谁呢？

中国改革开放的总设计师邓小平同志曾有句名言："不管白猫黑猫，抓到老鼠就是好猫。"这句话对职场也同样具有重要的指导意义。对于任何一位员工来讲，你口头上无论是多么负责、多么敬业，如果你的工作业绩是零，那么你就是一个不合格的员工。

在工作中，负责永远不是一句空洞无物的口号，业绩就是责任的标尺，员工的一切都要用它来衡量。同样，对每个人的职业生涯来说，任何大的成就，都是你每天的业绩累加的结果，如果没有业绩，就没有大的成就。所以，在工作中，我们要懂得一个基本道理：只有业绩才是衡量我们责任的标准。

张瑞敏经常说一句话："能者上，庸者下，平者让。"在海尔这个企业里，不看重学历、关系和情面，也不讲过去的成绩。不论过去为海尔发展做过多大贡献，包括"海尔功臣"和跟张瑞敏一起"打天下"的那些元老，只要不能胜任今天的工作，就会被无情地淘汰。

每年年终，总有一部分主管因完不成工作任务而被免职，又总有一批超额完成任务的新秀走上领导岗位，这在海尔公司里司空见惯，大家也已习以为常。比如，2002年度干部综合考核结果：升迁27名、轮岗9名、整改4名、警示2名、降职3名、免职1名。整改、警示、降职、免职的干部占总数的11%，干部调整的总数占管理层总人数的51%。

张瑞敏认为，不论是对待公司元老还是刚入职的年轻人，提高他们的工作业绩，增强他们的竞争力，就是对他们最好的照顾。

"昨天的奖状，今天的废纸"，海尔人不欣赏昨天的荣誉和脚印，不讲关系，个人收入和升迁只与业绩相关联，一律用业绩这把尺子来衡量。

无独有偶，微软也是一个完全以业绩为导向的公司，实行独树一帜的达尔文式管理风格："适者生存，不适者淘汰。"用处处以业绩论成败的方式自动选择和淘汰员工，不断地裁掉最差的员工，是微软的一贯做法，只有那些业绩突出的人员才能被留下来，得到晋升。

微软公司从来不以论资排辈的方式去决定员工的职位及薪水，员工的提拔升迁取决于员工的个人成就。在微软，一个软件工程师的工资可以比副总裁高。

微软还采取定期淘汰的严酷制度，每半年考评一次，并将效率最差的5%的员工淘汰出去，自1975年以来，微软一直保持了很高的淘汰率，这使得他们留下的员工都具有很强的竞争力。他们这种制度保证整个企业保持了强大的活力。

在这个竞争激烈的社会，公司作为一个经营实体，必须靠利润维持生存与发展，利润是每个企业的原始推动力，因此员工的责任就是努力提高自己的业绩，为企业创造利益和价值。而企业最看重的也是员工业绩的大小。如果员工没有做出业绩，就是没有尽到为公司创造效益的责任，就是在拖公司后腿，就算你是企业的元老，或者持有博士学历，老板也会为了企业的利益而舍弃你。

事实上，世界上所有成功的企业，都会把业绩作为责任的标尺，把业绩作为自己考核员工能力的标准，无论你做的是什么工作，无论你的职位高低，都要通过业绩来体现你的责任。企业终究不是福利院，任何一位老板都不希望自己的员工是没有业绩、尽不到责任的闲人。

普布利乌斯·埃利乌斯·哈德良是古罗马的一位皇帝，是古罗马历史上“五贤帝”之一。他手下有一位跟随自己多年的将领，但是战绩平平，一直没有得到他的提升。

有一次，哈德良又提升了一群将领而落下了他，这位将军觉得他应该像别人一样得到晋升，于是便在皇帝面前提起这件事情。

“我应该升到更重要的位置”，他说，“因为我经验丰富，参加过10次以上的重要战役。”

哈德良皇帝是一个对人才有明确判断的人，他并不认为这位将军能够胜任更高的职位，于是他指着拴在木桩上的驴子说："亲爱的将军，好好看看这些驴子，它们至少参加过20次战役。"

比尔·盖茨说："能为企业赚钱的人，才是企业最需要的人。"企业要发展，需要团队中的每个员工都尽到自己的责任，创造良好的业绩。因此，无论从事哪一行都必须用良好的业绩来证明你是企业的珍贵资产，证明你可以帮助企业赚钱，而不是吃闲饭滥竽充数的。

从另一个角度来讲，员工只有通过完成自己的责任为企业创造价值，企业有利润产生，他才能获取相应的报酬。业绩跟个人的所得有着直接联系，没有人会注意员工工作过程的酸甜苦辣，荣誉和回报只会给那些创造业绩的功臣，良好的业绩就是尽到责任的最好证明。谁为企业创造的业绩多，谁的薪水就高，得到的机会就多。

业绩不仅跟员工个人的所得息息相关，更是提升企业竞争实力的途径，是决定企业兴衰成败的关键！业绩是责任的标尺，是良好职业精神的体现，是个人在职场上顺利发展的保障。因此，员工要想得到老板的认可和赏识，获得加薪、升职等诸多优遇，在职场立于不败之地，实现自己的个人价值，就必须把努力创造工作业绩当作神圣的职责，当作自己的责任标尺，解决好工作中的各种问题，拿出过硬的业绩，为企业创造良好的效益。

5. 确认结果未偏离

对效果的检验如同句尾的句号，没有即为不完整。

人们常说：“种瓜得瓜，种豆得豆。”责任和结果之间也存在着这种关系，种下责任的种子才能保证收获理想的结果。责任保证结果，责任确保业绩。因此，在工作中，我们要尽到自己的责任，一切以实现预定的结果为最终目的。

一名员工如果懂得了这一点，就会在工作中承担起责任，以实践自己的职责，保证工作结果。这样既能为企业发展贡献出自己的最大力量，也能体现自己的最大价值，获得更多的成功机会和更广阔的发展平台。

美国有一家很出名的咨询公司，他们经常在世界各地举办演讲活动。在演说家演讲之前，公司会安排专门人员把有关演讲者本人和演讲内容的材料及时送达听众手中。

有一次，公司同时在芝加哥和德克萨斯举办演讲活动，主管分别安排了安妮和琳达负责两地演讲材料的邮寄工作。

安妮接到任务以后，提前六天就联系了联邦快递公司，她还亲自核对了收件人的地址、联系方式还有材料的数量，并亲自包装好了材料，选择了适当的货柜。她认为这样做肯定是万无一失了，自己已经很负责任了，按照联邦快递公司的惯例，材料将比预定时间提前两天送达。

但是，她遗漏了一点，没有向联系人确认材料是否已经送达。结果，这些材料被联系人的女佣像对待平时收到的那些无用的广告宣传材料一样，扔进了垃圾桶。

去德克萨斯演讲的彼得接通了助手凯特的电话，说："我的材料到了吗?"

"到了，我三天前就拿到了。"凯特回答说，"负责邮递您的材料的是琳达，她打电话告诉我听众可能会比原来预计的多100人，不过她已经把多出来的也准备好了。"

因为允许有些人临时到场再登记入场，因此琳达对具体会多出多少人也没有清楚的预计，为保险起见她决定多寄了400份，并且告诉凯特，如果演说家有别的什么要求，可以随时打电话找到她。这让演说家非常满意。

安妮虽然也做了大量的工作，付出了不少努力，但是就因为没有打个电话确认一下，就让前面的工作付诸东流了，没有完成任务，一切努力都是白费。

而琳达知道要对自己的工作结果负责，她知道结果才是工作的最终目的，把演说家的材料及时准确地送到他的手中，这才是她的职责、她要追求的目标，达不到这个目标，她的责任就没有完成。

工作中每一个老板都希望自己的员工能够像琳达那样有责任感，在工作中对结果负起责任，将问题圆满解决。有些人虽然也做了不少工作，付出了不少汗水，但是没有结果的工作其实是无效的、没有价值的，无法为企业带来效益的劳动全是空谈。只有对所做工作的结果负责，才能确保每一次任务、每一个行动，都具有实际效用和价值。

在这个世界上，每个人都扮演了不同的角色，每一种角色又都承担了不同的责任。从某种程度来说，对角色的演绎就是对责任的完成。作为企业的一名员工，理所当然地要去承担自己工作岗位上的责任，保证自己的工作结果。可以说，在职场中，对结果负责同时也意味着对自己的未来负责。

责任保证结果，责任确定业绩，对结果负责到底，才是真正的负责。任何一个成功的企业或个人，虽然成长的历程不同，但是有一点是共同的，那就是对结果负有强烈的责任感。

海尔冰箱厂有一个五层楼的材料库，这个材料库一共有 2945 块玻璃，如果你走到玻璃前仔细看，你一定会惊讶地发现这 2945 块玻璃每一块上都贴着一张小纸条。

每个小纸条上印着两个编码，第一个编码代表负责擦这块玻璃的责任人，第二个编码是负责检查这块玻璃的责任人。

海尔公司在考核准则上规定：如果玻璃脏了，责任不是负责擦的人，而是负责检查的人。也就是说，擦玻璃的人只管擦玻璃，而负责检查的人要对玻璃干净这个结果负责。

这就是海尔 OEC 管理法（又称为“日清管理法”）的典型做法。这种做法将工作分解到“三个一”，即每一个人、每一天、每一项工作。

海尔冰箱总共有156道工序，海尔精细到把156道工序分为545项责任，然后把这545项责任落实到每个人的身上。

在海尔，大到机器设备，小到一块玻璃，都清楚标明责任人与负责检查的监督人，都规定着详细的工作内容及考核标准。只要每一个人都完成了自己的小责任，那么整个团队的大责任也就很好地完成了，公司确定的大目标也就得到了实现。

海尔公司这种做法的好处在于，每一个人都有明确的责任，都有明确的结果需要去达成。正是这些一个个不起眼的小责任，保证了海尔能实现自己的大责任，从而成长为一个成功的企业，收获累累果实。

企业就像一部巨大的机器，螺丝钉有螺丝钉的责任，发动机有发动机的责任，尽管它们的岗位不同，但是责任却不分大小，发动机坏了机器自然无法运转，但是一颗不起眼的螺丝钉如果出了问题，同样会带来巨大的危害，导致整部机器报废。

一个小数点位置不同，就能带来比结果差十倍甚至更多的偏离；微乎其微的不负责，就可能使企业蒙受巨大损失；而稍微加强一点责任心，就可能为一个公司带来安全的保证或者庞大的利润。因此，责任对结果的意义重大。对结果负责是每一名员工必需的职业精神，如果一个员工放弃了对公司的责任，也就意味着放弃了在公司中获得更好发展的机会。

因此，我们在职场上要想获得更好的发展，让我们的人生价值得到提升，要想为企业创造更大的效益，获得更大的发展平台，我们就需要用责任实践完美结果。

◆第六章 责任不是小事，是小事的积累

道家创始人老子说，做大事要从小事开始，做难事要从容易的事开始。简单和细小的事情常常被人们忽略，但是，生活和工作都是由这些简单的、微妙的小事构成的。责任亦同此理，把握好细节，才能把握好由细节积累而成的大事。

1. 细节是魔鬼

被忽视的细节往往是决定成败的关键。

在日常工作中，很多人往往不拘小节，对于细节问题不屑一顾，面对老板的批评，他们常常搬出“成大事者不拘小节”、“大礼不辞小让”等说辞为自己开脱。殊不知，见微知著，责任恰恰是体现在细节方面的，对于那些“大事”，人人都看得见、都重视，看不出责任心的差别，而那些能够注重细节的人，才是真正做“大事”的人。

老子的《道德经》有言：“天下难事，必作于易；天下大事，必作于

细。”细节是人们工作中最容易忽略的部分，但它往往对结果有着至关重要的影响。在责任的落实过程中，细节是决定成败的关键，甚至可以毫不夸张地说：“成也细节，败也细节”。

在工作中注重小事和细节，让我们的责任体现其中，正是我们在职场上不断进步，不断提升自己所必备的素质和能力。或许我们的工作性质不同，忽视细节带来的危害大小也有不同，但是有一点是共通的，忽视细节最终必然导致事业的失败，导致人生贬值。

密斯·凡·德罗是20世纪世界最伟大的建筑师之一，在被要求用一句最简练的话来描述自己成功的原因时，他只说了五个字：“细节是魔鬼。”一个成熟的职场人士，必须善于把握细节，对细节负责。“千里之堤，溃于蚁穴”，要知道，很多时候正是那些毫不起眼的细节，决定了事情最终的结果，忽视细节会使你错失成功的机会，甚至付出惨痛的代价。

在职场上，不管员工有多么宏伟的计划或者多么高远的理想，如果对细节的把握不到位，就不能成长为一名精英。在工作中，任何一个人都有自己的职责范围，有些人负责一些比较重要且引人注目的大事，也有些人负责一些不被重视的小事，但是无论大事小事，都有必须注意的细节，成大事也要拘小节。

当年，尼克松访华的时候，周恩来总理在晚宴上为他挑选的乐曲，正是他所喜欢的那首《美丽的亚美利加》。

在来访的第三天晚上，客人被邀请去看乒乓球和其他体育表演。当时天已下雪，而客人预定第二天要去参观长城。周恩来总理得知这一情况后，通知有关部门清扫通往长城路上的积雪。

周恩来总理做事非常精细，同时他对工作人员的要求也是异常严格的。他最容不得“大概”、“差不多”、“可能”、“也许”这一类的字眼。

有一次北京饭店举行涉外宴会，周恩来总理在宴会前了解饭菜的准备情况时，他问：“今晚的水饺是什么馅？”一位工作人员随口答道：“大概是三鲜馅的吧。”这下可糟了，周恩来总理追问道：“什么叫大概？究竟是，还是不是？客人中间如果有人对海鲜过敏，出了问题谁负责？”

周恩来总理成就大事的功绩毋庸置疑，而他对细节的认真负责，更是需要我们在职场上学习和借鉴的。

是否关注细节说明了一个人对待工作的态度是否端正。在我们的现实工作中，总是有一些忽略细节重要性而敷衍了事的做法，对自己的要求不够高，对细节的要求不够精细。要知道，细节决定工作的品质，“细节决定成败”，不关注细节，不把细节当成重要的大事去负责，就无法保证取得理想的结果，也就很难获得职场上的成功。

工作虽然有大小，但是责任却不分轻重。如果你能重视工作岗位上的每一个细节，它就能成为注入成功沧海的那一条细流；如果你不重视它，它就是造成淹没一切的洪水中的那一滴雨水，将你淹没在失败的深渊之中。

士兵在战场上忽略细节可能会丢掉性命；飞行员在天空中忽略细节可能会导致飞机失事；建筑师忽略细节可能会使摩天大楼坍塌……在职

场上行走，任何忽略细节、不负责任的行为都可能为自己酿造一杯“苦酒”，把自己美好的职业理想葬送。要想让自己在职场上顺利成长，逐步把自己的职业理想变成现实，就要在做大事之时注重小事，用强烈的责任心去关注工作中的每一个细节。

2．职场“小恶”，不可忽视

职场中，人们更在意从小节处显露出的个性与品质。

有些人在职场中不注意小节，不修边幅，他们认为小节无伤大雅，这种认识其实是非常错误的。比如说：有些人在洽谈业务的时候滔滔不绝，毫不顾及别人的感受；有人在出席正式场合的时候打扮得像个街头小混混；还有人总把办公室里的一些小东西随手带回家，当然这些东西都是有去无回……这些不良行径必将影响个人在职场上的发展。

刘备在《敕后主刘禅诏》中说：“勿以恶小而为之，勿以善小而不为。”说的就是做人的道理，同样也是职场上的道理。于细微处更能够看到一个人的真实素质，所以，有些细节还是很有必要注意一下的。

那么，什么算是职场上的“小恶”呢？那些看似不起眼，却能对工作产生不良影响的行为就是“小恶”。

谭建华是一家五金销售公司的业务部经理，在工作中，他是个“不拘小节”的人。

一天，一位非常重要的客户要带着助理来他们公司洽谈业务，恰好老板提前有事出去一会儿，就吩咐谭建华先接待一下，重要的事情等他回来再说。

谭建华在跟对方交换名片的时候随随便便，他还自以为是地讲了一个笑话：话说，有两个人甲和乙一起用名片打牌，甲打出了总经理；乙说，管上，然后打出了总经理秘书。甲就很疑惑地问，为什么你的秘书能管我的经理呢？乙说，我这是女秘书。

本来这也就是一个笑话，放在别的场合也许还能活跃一下气氛，但是此次陪同这位老板来的助理恰巧是一位女士。她想，你这不会是影射我的吧？于是心生不悦，连带着对他们公司的印象也大打折扣。

老板回来之后，双方洽谈完业务，于是派谭建华去给客户买点纪念品，然后送客户去机场。谭建华在选购纪念品时，私自给自己的老婆也带了一份，并将费用一起开在了公司费用的发票里，而且他跟营业员之间的谈话又不幸被客户的助理听见了。

结果，那位客户回去跟助理商量之后，觉得这家公司风气不正，公司的业务经理缺乏起码的职业素质，于是决定放弃跟该公司的合作计划，最终把订单交给了另外一家公司。

老板百思不得其解，本来谈得好好的，怎么顾客又变卦了呢？他不知道的是，一笔大生意，就毁在了谭建华的“小节”上。

小节伤大雅，很多大事的失败，起因都是那些微不足道的小节。大哲学家伏尔泰曾经说过：“使人感到疲惫的不是远处的高山，而是鞋里的一粒沙子。”而那些容易被我们忽略的小节，就是我们行走于职场上的鞋子里的那一粒沙子，无法攀上高峰，就是因为这些沙子禁锢了我们前进的脚步。所以，不要因为恶小而为之。工作中许多非常小的不良习惯，都可能会给我们的职业生涯带来巨大的危害。

在职场中，我们要尽量养成一些好的习惯。即使这些好习惯是一些不起眼的小事情，最终也会带给我们一些意外的收获。一个灿烂的微笑，一个微微鞠躬、双手递接名片的小动作，一句真诚的谢谢，一次体贴入微的行程安排……种种细节都有可能触发职场中意想不到的契机，成为撬动地球的那个支点。这些小细节所带来的好处往往不是特别明显，但是一点点积累起来，就很可能使你在职场上不知不觉地建立起巨大优势，从而改变你整个的人生轨迹，让你的事业从此走向成功的辉煌。

在职场上，很多人已经明白了小节的重要性。就连很多还没有正式进入职场的年轻人，在面试之前都会做好充分准备，保持自己的服饰整洁得体，对着镜子精心“演练”自己的一言一行，防止因自己的不修边幅而遭到拒绝。所以，在职场上摸爬滚打了很长时间的成熟职场人，就更要注意小节，让自己的责任体现其中了。

小刑是一家摄影器材公司的工作人员，他每次给客户服务的时候，都很负责任，会注重一些细节。

比如，给客户安装调试设备时，他总是戴上一次性的塑料手套，以防手印留在上面。同时他还特意将服务卡上的售后电话用笔勾出来，让客户一眼就能找到，而且总是在后面附上自己的个人电话，以便客户能够随时找到他。

公司并没有要求小刑一定要这样去做，但他却很细心地考虑到了，而且养成了这个好习惯。时间长了，那些老客户都非常喜欢小刑，每次都直接打电话找他。就这样，小刑成了客户和领导眼中的“红人”，不久便被老板提拔为客户经理。

小节之中蕴含着成功的机会，许多大的成绩都是从做好一点一滴的小事开始的。所以，在工作中，我们一定要有一种强烈的责任感，用做大事的心态去对待工作中的小节，重视身边的每一件小事。

反思一下，你对待细节够不够重视？比如，你有没有在书桌上把文件摆放得乱糟糟？你有没有边上班边吃零食的习惯？你有没有在别人面前发发对老板的牢骚？这些小节，都是不好的习惯，应该加以重视，尽量避免。

注重小节，不仅是一种理念，也是一种工作态度，更是一份职业责任。在工作中，我们不要放纵自己，不要忽视那些小节，要从点点滴滴做起，一步一个脚印，把责任体现在细节之中，这样才能成就大的事业。

因此，要担负起自己的责任，做好自己的工作，就需要我们从注重小节做起，勿以恶小而为之，勿以善小而不为，让我们的责任在小节中得到完美体现。

3. 少了一颗铁钉，败了一场战役

责任之间不是孤立的，小事的结果决定着大事的成败。

很多时候，人们往往只是把注意力放在一些大事上，却忽略了一些小事。等到工作结果出现了巨大的偏差以后，才懊悔地想起："哎呀，我要是把那件事做好，结果就不会这个样子了。"可惜，世上没有卖后悔药的。其实，这样的结果就是因为没有认识到责任之间的联系导致的。

任何事物都不是孤立的，人离开了社会这个群体很难生存。也许有人会说，野人不也活得好好的吗？但野人也不是孤立的，他也需要空气、食物、水等其他事物。对于我们的工作来说也是如此。一件事情搞砸了，原因绝不仅仅是孤零零的，通常大事没做成，肯定是之前的小事没有做好。

一只小小的蝴蝶在赤道附近轻轻扇动一下翅膀，就可能在南美洲掀起一场飓风，这就是人们常说的蝴蝶效应。它告诉我们：事物和工作的各个环节之间存在着一定的联系，责任之间不是孤立的，小事的结果决定着大事的成败。

1485年，英国国王查理三世准备在波斯沃斯和兰凯斯特家族的里奇蒙德伯爵亨利展开一场激战，以此来决定由谁统治英国。

战斗打响之前，查理派马夫去给自己的马钉好马掌。马夫发现马掌没有了，于是，他对铁匠说："快点给它钉掌，国王希望骑着它打头阵。"

"我需要去找一些铁片"，铁匠回答，"前几天，因要给所有的战马都钉上铁片，所以铁片已经用完了。"

"我等不及了，你赶紧地。"马夫不耐烦地叫道。

于是，铁匠把一根铁条弄断，作为四个马掌的材料，把它们砸平、整形之后，用钉子固定在马蹄上。然而，钉到第四个马掌的时候，他发现少一个钉子。

铁匠停了下来，他要求马夫给他一些时间去找颗钉子。

"我等不及了，军号马上就要吹响了。"马夫急切地说，再一次拒绝了铁匠的要求。

"没有足够的钉子，我虽然也能把马掌钉上，但是马掌就不能像其他几个一样那么牢固了。"铁匠告诉马夫。

"好吧，就这样！"马夫叫道，"快点，要不然国王会怪罪我的。"

于是，铁匠便凑合着把马掌钉上了，第四个马掌少了一颗钉子。

战斗开始以后，查理国王骑着这匹战马冲锋陷阵，带领士兵迎战敌军。突然，一只马掌脱落下来，战马跌倒在地，查理三世也被掀翻在地，受惊的马爬起来逃走了。国王的士兵跟着溃败，亨利的军队包围了上来，把查理活捉了。

查理不甘地大喊道："马！一匹马，我的国家倾覆就因为这一匹马啊！”

其实，他不知道的是，真正的原因是第四个马掌上缺失的那颗小小的钉子。

从那时起，人们就传唱这样一首歌谣：“少了一颗铁钉，丢了一只马掌。少了一只马掌，丢了一匹战马。丢了一匹战马，败了一场战役。败了一场战役，失了一个国家。”

一个帝国的存亡竟被一颗小小的钉子左右了，这深刻地演绎了蝴蝶效应的威力。查理三世失去国家，这是个巨大的事件，但是责任的源头竟是马夫不肯给铁匠一点时间去找颗钉子。后人无不为查理三世国王扼腕叹息，当初那个失职的马夫，也会为此懊悔至极吧，可惜，历史已经改写，再也无法挽回了。

在职场上，员工一定要记住，没有孤零零的责任，大事跟小事之间存在着必然的联系，尽不到对小事的责任，就会影响大事的效果。中国有一句古话，叫“差之毫厘，谬以千里”。讲的就是任何细节或者小事，都会事关大局，牵一发而动全身，对工作的最终结果产生影响。所以，我们的工作责任感需要体现在工作的各个环节之中。

1961 年 4 月 12 日，苏联首先将人送上太空；1969 年 7 月，美国率先实现人类登月。40 多年来，虽然参与载人航天研究的国家越来越多，但在世界上还只有美、俄能够独立开展载人航天项目。

然而，我国“神舟”系列飞船的相继成功发射，标志着中国载人航天事业取得了重大进展。在“神舟”成功的背后，火箭是最基础的部分，一旦这个系统发生了问题，一切将灰飞烟灭。火箭从基座到顶端，需要坐电梯跨越7个楼层。它长达58.3米，直径2.25~3.35米，起飞总质量为580多吨，身上装有4万多只元器件，价值约2亿元人民币。

很难确切统计，共有多少人参与到长征火箭的设计和生产中。如果算上生产元件的90多个厂家，恐怕不下10万人。这是一个多人协作，环环相扣的巨大工程。

尽管其中某一个人能起到的作用微乎其微，但只要有一个人有一点疏忽，就可能给火箭乃至整个航天系统带来灭顶之灾。但是，我们的火箭从没有发生过事故，正是每一个人对待工作的认真负责，每一个环节都尽到了自己的责任，这才创造了属于我们中国人的骄傲，神话故事中的传说，在我们手中变成了现实。

现在社会分工越来越精细，我们的工作也不是孤零零存在的，而是越来越联系密切。同样，责任之间也是环环相扣的，对于一项巨大的工程来说，哪怕看似跟它关系不大的一个细微之处，也可能会成为影响其成败的关键。

我们在职场上一次无心的错误，都可能导致一项宏伟工程的破产，而我们如果对每一件手头的小事都能认真负责，那么万里长征的军功章上也必然会有我们的名字。

只要我们能够对工作中的每一件事情认真负责，无论我们的任务是大是小，也无论岗位看上去是重要还是无关痛痒，只要我们尽到责任，都必然会使得以后的结果向着好的方向发展，只要我们把每一件小事做好，就能成就大事。

4．顾客的小事，你的大事

绝不能忽略工作中的任何小事，因为我们不知道它后面还会影响什么。

当今社会竞争日益激烈，商场就如战场一样残酷。企业或员工稍有懈怠，便有可能被超越或者淘汰，成为“沉舟侧畔千帆过”里的那只沉船，眼睁睁地看着别人成功，自己品尝失败的苦果。

“客户是上帝”，不是一句空洞的口号。要想始终赢得客户的青睐，为企业争取最大的利益，就要用负责的心态为客户解决一切问题。哪怕是客户自己都不是特别在意的小事，你也要放在心上，及时地发现并解决。只有这样，企业才能站稳脚跟，逐步发展，而你才能得到更多的发展机会。

企业的发展状况与员工个人的利益和发展密切相关。为此，每个员工都要清楚：关注小事是自己应尽的责任，只要是关系到客户的事情就没有小事，对自己的岗位负责任就是要把客户的事情解决好。

1971年，伦敦国际园林建筑艺术研讨会上，迪斯尼乐园的路径设计获得了“世界最佳设计”称号。当时迪斯尼乐园的总设计师是格罗培斯，迪斯尼的路径设计获奖后，许多记者纷纷前来采访这位大名鼎鼎的设计师，希望他公开自己的设计灵感与心得。但格罗培斯说：“其实那不是我的设计，而是游客的智慧。”

迪斯尼乐园主体工程完工后，格罗培斯对于路径的设计一直心存担忧，因为他看到了太多的公园的草坪上都立着：“禁止踩踏”的牌子而毫无效果，游人照样会选择他们最方便的路径去穿越草坪。因此，他必须设计出最能切合游客心意的路径。

格罗培斯最后终于想出了办法，让游客自己决定行走的路线。于是，他宣布暂时停止修筑乐园里的道路，接着指挥工人们在空地上都撒上草种。等小草长出以后，乐园宣布提前试行开放。

五个月后，乐园里绿草茵茵，但草地上也出现了不少宽窄和深浅不一的小径，那是蜂拥而来的游客们践踏出来的。格罗培斯马上让工人们根据草地上出现的小路铺设人行道。就是这些在游客们自己不知不觉中用脚步“设计”出来的路径成就了后来世界各地的园林设计大师们眼中那“幽雅自然、简捷便利、个性突出”的优秀设计，也理所当然地被专家们评为“世界最佳”。

除了格罗培斯，迪斯尼乐园的其他设计师也同样把游人的要求放在第一位，把最完美的艺术品呈现给他们，细节之处绝不放过。

比如，在动物王国的很多道路设计中，他们用混凝土来塑造泥泞的碎石小路，正如他们在去非洲旅行时所见的真实场景。但是乐园里会有大量的人和车辆经过，因此用真实泥土的想法被否定了，而显眼的灰色混凝土会让人感觉单调并显得格格不入。所以他们把混凝土表面染上颜色，加一些辅料，并印上车辙和曲线，使之看起来像条布满痕迹的泥路。

因为以前从未有人想过要让混凝土看起来像泥巴，所以他们去跟混凝土制造商讨论产品。他们做了大量的抽样调查以确保达到预期效果，并使用巴士轮胎在公园里轧出车辙。

类似地，为了避免游人进入特定区域的栅栏也被反复斟酌，钢铁或者竹木做成的围栏会给游客带来隔阂感。“我们可以用断壁残垣、一棵倒了的大树、一辆废弃的吉普，这些东西都能用作屏障。”另一位设计师拉尔森说：“一些最困难的问题，最后我们却处理得丝毫不露痕迹。”

迪斯尼乐园的设计完全考虑到了游客的需要，不论是行走路线的方便快捷，还是心理上的密切而无隔阂，他们都十分细心地做了最完美的处理，真正把游客当成了上帝。哪怕是微小的地方，他们也认真负责地解决了。对待工作和客户如此地负责，迪斯尼的成功自然也就没有什么意外了。

现代社会的商品和各种服务已经非常丰富了，除了一些垄断行业，顾客基本上拥有自主选择的能力。过去物资匮乏的年代，买什么都要凭票供应，顾客爱买不买。而现在的顾客，往往会货比三家，比质量、比服务、比价格，你不能让他称心如意，他是不会在你这里浪费一毛钱的。所以，如何赢得顾客的青睐，是任何一个企业都不敢忽视的问题，从很大程度上来讲，顾客决定着企业的发展前景，间接或者直接地影响着员工的利益。

员工如果能够做到对工作认真负责，无论大事小事都能为顾客着想，热情主动地帮助顾客解决问题，那么他的收获绝对不止是赢得这一个客户。美国著名推销员乔·吉拉德在商战中总结出了“250定律”。他认为每一位顾客身后，大体有250名亲朋好友。如果您赢得了一位顾客的好感，就意味着赢得了250个人的好感；反之，如果你得罪一名顾客，也就意味着得罪了250名顾客。

只要员工能够本着认真负责的态度对待顾客眼中的小事，把它当作自己工作中的大事积极主动地去解决，那么成功就能会不期而至。反之，如果对待顾客遇到的事情不以为然，总是强调“不就是这么一件小事吗?”“有什么大惊小怪的，这种事情我见得多了！很正常。”敷衍你的客户，最终你将尝到自己亲手种下的苦果。

中国橱柜业中的领军人物欧派老总姚良松，由经营医疗器械起家，从一个穷学生历尽艰辛最终闯出一片天地。在其事业的发展过程中，曾发生过这样的事：

有一天，医院和经销商突然纷纷退货。最着急的当然是企业老板姚良松，他几度沉浮历尽艰险，好不容易有点起色了，终端市场却出现了退货。

通过追查，这些不合格的产品竟然只是因为一条生产线上的工人粗心大意将器械的正负极装反导致的。这本来是非常容易纠正的问题，然而，让人没想到的是他下一道工序的工友虽然知道他安装反了，但觉得事不关己，也就任其发生了，没有及时提醒他。就这样，产品从生产线上生产出来，最后到了客户手上，客户又退了货，最终又回到了自己的手上。

把产品的正负极装反，貌似是一件小事，但其产生的严重后果却成了一件大事，致使企业的品牌和声誉大受影响。如果医院没有发现这个问题而用在患者身上，那后果就更可怕了。那位没有及时纠正同事犯错的员工看似不值得一提，但这种对企业利益漠不关心的员工怎么会受到重用呢？

绝不能忽略工作中的任何小事。任何小事处理不好，都可能给企业造成不可挽回的损失，酿成令人惋惜的大错。对待小事认真负责，是成就大事不可缺少的基础。要想在职场中发展，就要对每一件小事认真负责，担负起自己的责任，做好自己的本职工作，把顾客眼中的小事都当成事关企业生死存亡的大事来做。

5．有时，差不多就是差很多

如果你在职场中凡事都只要求差不多，那么你的职场生涯可能也就止步不前了。

胡适先生曾经写过一篇《差不多先生》的故事，故事里的主人公常常说：“凡事只要差不多，就好了。何必太精明呢?”他小时候，把白糖当作红糖买来；上学的时候，把山西跟陕西混为一谈；当伙计记账的时候，常把“十”字当成“千”字；到后来他病得要死，家人跟他一样，把兽医王大夫当成给人治病的“汪大夫”，结果生生把他医死了。临死的时候，他还觉得其实死人跟活人也差不多。

我们读到这个故事，多半会一笑置之，把它当作一个笑话而已。其实，这种“差不多”先生，在现代职场中很多见。有些人只管按月领饷，不问贡献，只是做一天和尚撞一天钟。比如，去参加展销会，他们觉得晚到 10 分钟跟早到 10 分钟其实差不多；一份企划方案，他们觉得旺季和淡季差不多；一份报价单，他们觉得预计 10%的利润跟 11%的利润也没多大差别……把事情做得“差不多”成了他们的行为准则。

每个企业和组织里都可能存在这样的员工，这些人有一个共同点，那就是做事不够精细，或者说责任感不够强。他们每天上班迟到个三五分钟，好像也不是什么大错，很少能够按时到达工作岗位开始工作；他们每天忙忙碌碌，却不愿精益求精，把工作做到更好。在职场上，“差不多”先生永远只能做跑龙套的配角，而只有那些把工作做到精细周全的人才能成长为企业的中坚力量，并得到重用。

野田圣子曾经在日本东京帝国饭店打工，她的第一份工作就是清洗这家饭店的厕所。

圣子从小没干过家务又特别爱干净。因此，在洗厕所时她实在难以忍受那种气味，尤其是用她细嫩柔滑的手拿着抹布去擦拭马桶时，近距离的接触让她反胃，几乎要吐出来。

圣子哭过，她几次想放弃，然而好胜心又驱使她坚持下去。

这时，有一位前辈出现了，他看出了圣子的烦恼。于是，他没有多说，而是给圣子做起了示范：他一遍一遍地刷着马桶，不放过任何一个角落，他对马桶的专注就像是对待初恋情人一样，这让圣子非常惊讶。

这位前辈的清洁工作完成之后，从马桶里盛了一杯水，然后毫不迟疑地一饮而尽。这个举动让圣子彻底震惊了。他告诉圣子，这就是“光洁如新”，新马桶里的水自然是干净的，所以只有马桶的水达到可以喝的洁净程度，才是真的把马桶抹洗得“光洁如新”，而不是差不多干净就行了。

从此，圣子认识到工作本身并无贵贱，责任的真谛就是把每一个细节、每一件小事情都做到位、做到极致。

后来，饭店的高管来验收圣子的工作时，圣子在众人面前舀起了一杯马桶里的水喝了下去。高管十分惊讶，并对圣子的这一举动和她的工作十分满意。后来，圣子大学毕业后，顺利地进入帝国饭店工作，还成为该饭店最出色的员工。

圣子在37岁时步入政坛，在小泉首相的任内被任命为日本内阁的邮政大臣，而她总是以帝国饭店时的工作为荣，在对外自我介绍时，总会说："我是最敬业的厕所清洁工，也是最忠于职守的内阁大臣。"

每个人的职业道路都要靠自己来走，要留下自己不可磨灭的脚印到达成功的终点。这一切，不是靠你的高学历，也不是靠你显赫的家世，而是靠你对工作负责敬业的态度。只有不满足于把事情做到差不多，而是用十二分的责任感对待十分的工作，把工作做到极致，你才能如圣子一样，成为职场上一道令人瞩目的风景线。

"差不多"的工作态度是不负责任的表现，其结果是工作马马虎虎，敷衍了事。"差不多"说明的问题不在于"不多"，而是"差"，就是没有做到位。持有"差不多就行，何必太认真呢?"这种工作态度的员工不仅使自己的工作做不到位，还会阻碍企业的发展。

"差不多"，其实差得很多。竞技场上，冠军与亚军的区别，有时候小到肉眼无法判断。比如短跑，第一名与第二名有时可能相差0.01秒；又比如篮球比赛，胜利者和失败者有时候仅仅是一分之差。然而，冠军与亚军所获得的荣誉与财富却有如天壤之别，全世界的目光只会聚焦在冠军身上，谁也不会去关注失败者的泪水。

有一天，著名雕塑家米查尔·安格鲁在他的工作室中向一位参观者解释，他一直在忙于上次这位客人参观过的那尊雕像的完善工作。他告诉参观者自己在哪些地方润了色，使那儿变得更加光彩，怎样使面部表情更柔和，使嘴唇更富有表情，去掉了哪些多余的线条使肌肉显得更强健有力，使全身显得更有力度。

那位参观者听了不禁说道："但这些都是些琐碎之处，不大引人注目啊！"雕塑家回答道："一件完美作品的细小之处可不是件小事情啊！"正是对细节的谨慎细致，才成就了这位伟大的艺术家。

无独有偶。画家尼切莱斯·鲍森画画有一条准则，即把细节都做到位，追求极致。他的朋友马韦尔在他晚年曾问他，为什么他能在意大利画坛获得如此高的声誉？鲍森回答道："因为我从未忽视过任何细节，我总是用做大事的心态去对待身边的每件事情。"

有的人每天擦六遍桌子，他一定会始终如一地做下去；但有的人一开始会按要求擦六遍，慢慢地他就会觉得五遍、四遍也可以，最后索性不擦了。每天工作欠缺一点，时间一长就成为落后的顽症。这句话道出了职场上那些失败者之所以失败的原因，值得我们职场上的每一个人警醒。

在职场上，这种"差不多"的心态要不得。每个人都要在工作中不折不扣地尽到自己的责任，不能满足于"差不多"，哪怕只差一点点，也是对工作的不负责任。因为说不定哪一天，这一点点就会变成压垮骆驼的最后那根稻草，使我们与成功失之交臂。所以，坚决不要做"差不多"先生，要做就做"精益求精"的"完美"先生。

◆第七章　不为责任划界，卓越就是这样实现的

如果一个人将目光只局限在目前所负责的事情上，那么责任便成了画地为牢的枷锁，将一切优厚的机遇隔绝在外。当一个人不再为多做事而斤斤计较，不再将责任视为工作的界限时，他的世界也随之变得更为广阔。超越自己的职责，你会发觉更多的能力，更卓越的自己。

1．主动提升，不做提线木偶

不要仅仅把老板交给自己的任务视为全部职责。

有些人在工作中就像是小孩子玩的木偶，“拨一拨转一转，不拨绝对不转”。这些人有的是因为懒惰成性，得过且过，不愿意多付出一点儿劳动；有的是因为害怕做得不好会被批评，抱着不求有功，但求无过的想法；还有的人是觉得公司的兴衰跟自己没多大关系，事不关己高高挂起。这些想法和行为，都是没有责任心和没有担当的表现。

公司给个人的职场发展提供了一个舞台，在这个舞台上如何表演很

大程度上取决于自己，老板只能指出一个前进的方向，职场人生的最终走向还是要靠自己决定。如果事事都被动地等待老板的吩咐，不敢主动承担一点责任，那么供你表演的舞台就会越来越小，最终你就会沦为配角或者看客，失去你原有的位置。

要想在职场上获得更大的空间，那么在责任面前就不要置身事外，有些事情需要自动自觉地去做，不要一切工作都等着老板交代。

艾伦是诺基亚公司的一名普通员工。入职以来，他一直在手机研发部负责设计和改进手机机型的工作。

每天，艾伦都机械地完成主管安排给他的任务，按部就班地过着日子。过了一段时间，艾伦觉得自己一点工作主动性都没有，每天做完主管安排的工作以后就无事可做，有时甚至会剩下半天的闲暇时间。他觉得这样浪费时间很不负责任，于是他想给自己另外找些工作来做。

一位同事了解了艾伦的想法后，劝他说："现在我们的诺基亚手机已经是世界著名品牌了，不管是技术性能，还是外观形象，都已经达到了一定的高度，要想再有一个质的飞跃是很难的。况且，公司又没有给我们安排新的设计任务，你又何必做费力不讨好的事情呢?"

虽然同事说得有些道理，但艾伦每日里除了完成公司下达的任务以外，总是主动而努力地做些其他力所能及的工作。他满脑子考虑的都是如何做一个新的设计，再让诺基亚有一个质的飞跃，以便符合消费者的需求。

艾伦经过认真考察发现，当时几乎所有的时尚男女都佩戴着手机、一次性相机和袖珍耳机，于是他万分惊喜，立即按照这种想法研制具有拍摄和收听音乐功能的手机。很快，这种手机研制成功了，它一推向市场，就大受消费者的青睐，并且很快风靡了全世界。

毫无疑问，艾伦的职场生涯也因此大放异彩。

公司的兴衰关系到每个人的发展，不要把公司和自己割裂开来，认为公司的事情不是自己的事情，老板没有安排的工作就不是自己的工作。公司发展好了，每个员工都会受益，如果公司不幸倒闭了，那么谁都要卷铺盖走人。

对待工作应当有责任心，积极主动地投入到工作中，而不是事事等待老板吩咐，被动地接受指令，变成没有老板指挥就成为“死物”的木偶。

事事等待老板交代的人，很容易成为“按钮式”员工，每天按部就班地工作，但工作时却缺乏活力，缺少创新精神，仅仅满足于做好老板交代的事情，对于“分外之事”他们视若不见，充耳不闻，哪怕油瓶倒了他们也不会伸手扶一扶。这种工作方式很明显失去了人的主观能动性，把自己仅仅当成会说话的“工具”，从本质上来讲，这种消极的工作方式就是不负责任。

一天晚上，天突然下起大雨，货场里恰好有一批怕淋的货物运到，装卸工人们都又冷又累，谁都不想去盖好篷布，只有刚来的一个小伙子爬到垛上，招呼大家帮忙盖一下。工人们都说：“我们是干装卸的，老板又没让干那些，货物淋了跟我们又没关系。”他们没有一个“操闲心”的。

货场的老板不放心，冒雨到来看到了这一幕。老板当时没说什么，帮着那位小伙子把篷布盖好就走了。

第二天，这帮装卸工就被辞退了，货场老板只留下了那位盖篷布的小伙子，让他担任工头，重新招募了一批有责任心的工人。

企业团队是由每个员工组成的，企业的命运跟每一个人都密切相关，团队中的每一个成员都应该贡献自己的全部力量，责任面前不能退缩，不要再以“老板没交代”为由来逃避责任，要勇于担当。

在竞争异常激烈的职场中，落后就要挨打，主动才可以占据优势地位。我们的事业，我们的人生，并不是上天安排好的，而是我们自己创造的，勇于担当就能获得更多的机会。工作中，员工应该多想想“我还能为老板做些什么”，当额外的工作出现时，要把它看成锻炼自己的机会，积极主动地行动起来，尽力为公司创造额外的财富。这个过程能够提升员工的个人能力和价值，让老板觉得这样的员工物超所值。升职加薪的机会来了，老板自然会首先选择积极主动、肯负责任的人提拔。如果什么事情都需要老板来吩咐，你的职场生涯便充满了危机，这样的人肯定是提拔在后、解雇在前。

老板也是凡人，不可能事事照顾周全，尤其老板身处高位，事务繁多，方方面面都要牵扯精力，因此有些事情他难免是看不到的。比如老板偶然漏掉了一项日常性的工作没有交代，而这又是在员工权限范围之内的，员工就应该挺身而出，主动负责起来，把这项工作做好。

主动负责地去工作不但锻炼了员工的能力，同时也为员工个人价值的实现增添了砝码。

微软原总裁李开复曾说：“不要再只是被动地等待别人告诉你应该做什么，而是应该主动地去了解自己要做什么，并且规划它们，然后全力以赴地去完成。想想在今天世界上最成功的那些人，有几个是唯唯诺诺、等人吩咐的人？对待工作，你需要以一个母亲对孩子般那样的责任心和爱心全力投入，不断努力。果真如此，便没有什么目标是不能达到的。”记住，企业和老板只会给你提供舞台，能演出什么精彩的节目、获得多少喝彩和掌声则需要自己排练。

责任面前，不要再置身事外。有些工作不必再等老板交代，拿出员工应有的责任心来，并把这些事做好，这也是锻炼自己的机会，是实现个人价值的有力保证。当然，勇于担当并不是要把什么工作都往自己身上揽，做老板没有吩咐过的工作要注意一个权限的问题，我们必须要考虑清楚自己做的事情是不是老板最需要的、公司最需要的，要在不破坏公司各种秩序的情况下，积极主动地去做额外的工作。明确哪些工作是我们不可以触碰的“雷区”，否则就有可能触及自己权限以外的事物，比如越俎代庖地插手公司的人事工作，这样就有可能触到高压线，受到老板的批评，进而打击我们的工作积极性，也不利于我们的职场生涯。

2．最不靠谱的选择——逃避

在职场中，比犯错更可怕的是逃避责任。

足球场上，有一种很“独”的人，总是自己带着球满场飞奔，不传球给队友，不懂得跟别人配合，以至于减弱了球队的整体力量。在职场上，情况却刚好相反，有些人犯了错误以后，对于责任这颗“足球”恨不得有多远躲多远。当责任“不幸”降临到自己头上的时候，马上大脚开出，传给别人。这两种人都不受人欢迎。

有人觉得，犯错是不能胜任工作的表现，会给别人留下能力不强的印象，从而对今后的加薪与晋升有所影响，甚至还会被老板炒鱿鱼。因此，他们不敢主动承担责任，对责任能推就推，绝不“客气”。

然而，人非圣贤，孰能无过？知错能改，善莫大焉。逃避责任不是解决问题的办法，反倒会给人留下不负责任的印象。

三十多岁的李海是一家家具销售公司的部门经理，虽然他在这个行业做过多年，很有经验，但是对待工作却责任心不强，非常懒散，犯了错误非常喜欢逃避责任：“我没有在规定的时间里把货发出去，是因为老王让我帮忙做其他事情……”“我本来不想按照这个价格出售，但是小李认为这个价格的利润空间也不小……”

有一次，他提前得知了一个消息：公司决定安排他们这个部门的人到外地去谈一项非常棘手的业务。他怕办砸了担责任，于是提前一天请了假。第二天，上面安排任务，因为他不在，便直接把任务交代给他的助手，让他的助手转达。当他的助手打电话向他汇报这件事情时，他便以自己身体有病为借口，让助手顶替自己前去处理这项业务。结果因为助手缺乏经验，使这笔业务的利润很低，公司基本上算是白忙活了。

半个月后，老总打电话询问这项业务的过程，李海怕公司高层追究自己的责任，便以当时自己请假为由，谎称不知道这件事情的具体情况，一切都是助手办理的。他为自己辩解说，这不是他的责任，企图让助手来承担责任。其实，李海的助手在跟老总的通话中早就承担了自己的责任，然后又客观地讲述了事情的整个过程。

第二天，李海接到了老总的解聘通知。老总是这样跟他说的：“作为部门经理，你没有一点担当，还把自己的责任推给下属，既然你承担不了经理的责任，也就不要占着这个位置，让能负责的人来干吧。”

直到这时，李海才明白了把责任推给别人是多么的不智。可惜，这笔“学费”昂贵了一些。

在工作中出现错误或失败并不可怕，毕竟没有人能够做到面面俱到、事事完美。可怕的是，没有责任心，不敢承担责任，想把自己的过失掩饰掉，把自己应该承担的责任推诿给他人。很多人没有认识到推诿责任的危害，他们不到万不得已不会承认自己的错误，而且选择对自己的错误加以辩解，像“踢皮球”一样将责任推给别人。老板不是傻子，即使能被你蒙蔽一时，但是纸终究包不住火，等到真相大白的时候，倒霉的还是你自己。

当工作中出现问题的时候，与其将自己的问题推给别人，倒不如大大方方地承担起来。领导不会因为勇于承担责任而处罚员工，相反他们会更看重员工在出现问题时所体现的工作责任感。如果工作一出现问题员工就推卸责任，老板自然就会选择那些敢于承担责任的人，为他们创造更多的成功条件。

如果员工能够勇于承担责任，肯从自己的身上找原因，在错误中能够吸取教训并及时改正错误，那么错误就会变成一笔丰富经验、提高能力的宝贵财富。把自己应该承担的责任承担起来，将责任心体现在工作中的员工，才能得到老板的欣赏和重用，并登上事业的巅峰。

面对工作中的失误，员工如果主动诚恳地承认错误，说明他有敢于承担责任的勇气和信心，这不仅是一个工作态度问题，也是一个品质问题。不把责任的皮球踢给别人。把责任心体现在工作中，甚至是失误中的员工是很容易得到老板欣赏的。

某公司要在内部选拔一名总裁助理，经过多轮筛选后，竞争者最后剩下了三个人。他们接到总裁的通知，到他办公室做最后一次面谈。

在办公室里，总裁指着花架上的一盆兰花说：“这盆花价值20万，是稀有品种，是从广西十万大山中运出来的。”总裁又说：“我出去一下，麻烦你们把这盆花搬到窗户边上去。”

那花架看起来很重，三个人决定一起搬。令人意外的是，三个人刚一碰到花架，其中的一条腿就断了，兰花也摔坏了。

总裁闻声而来，询问是谁的责任，其中的一位首先声明自己没有责任：“这不关我的事，是他们两个弄的。”

“生产花架的人把花架做的这么差。”第二个人说，“应该去找他们。”

总裁又问第三个人：“你认为呢?”

“这是我们的责任，我们本来就有义务做好。”第三个人不卑不亢地说。

听他说完，总裁脸上露出了笑容：“你被录用了！那盆花根本不值钱。”

员工必须明白，每个人都需要在工作中承担责任，这是员工的基本职业素养。工作做出了良好的业绩是员工的成绩，出现了失误也是员工的责任，工作中千万不要见好处就上，见责任就让。只有对自己的工作切实负责，以端正的态度对待失误，才是一个优秀员工应有的品质。只有这样，整个企业或者团队才能健康稳步地向前发展，如果大家都把失误的责任推给别人，那就是把企业当成了一块蛋糕，迟早会被吃光，然后大家一起饿肚子。如果都能够切实地负起责任来，不推诿、不避讳，对自己严格要求，积极进取，那么企业就会像一片田地，在大家的共同努力耕耘下获得丰厚的收获，这样大家才能衣食无忧。

面对自己工作中产生的失误勇于承担，才是真正的负责任。在其位，谋其政，担其责，只有这样，员工才能成就完美的职场人格，实现自己的人生价值，同时有了勇于负责的心态就会在工作中更加尽心尽力，更加积极地开动脑筋想办法，能够减少失误，为自己的企业创造更多的价值，何乐而不为呢？

要想成为一名合格、优秀的员工，就应该牢记自己的使命，尽职尽责地履行自己的义务，尽最大的努力把工作做好，减少失误。如果出现失误，就要自己承担责任，决不踢皮球，决不推卸责任，如此，才能成长为职场中的中流砥柱。

3．比预期高一点

做事超出老板的预期，你将逐渐成为不可替代的员工。

有这样一种常见的现象：不少员工都把老板放在了与自己相对的位置上，将工作和酬劳算计得一清二楚、明明白白，拿多少薪水就做多少事，不愿多付出一丝努力，不愿多承担一点儿责任，做一天和尚撞一天钟，从来不会给老板带来一点“惊喜”。

每名员工在团队中都承担着一定的工作。作为团队中的一员，应该想方设法地为团队多出一点力，多创造效益，成为团队中不可或缺的人才。只有做事超过老板的预期，才能得到老板的欣赏和团队的认可。如果对工作只是敷衍应付或者仅仅满足于做好分内之事，那么，由于你对团队的贡献不算大，因而也就算不上是不可替代的员工。

企业不是福利院，企业要生存发展需要靠员工不断地创造效益，需要团队成员之间团结协作。每个人都要竭尽全力为团队贡献自己的力量，只有整个企业发展了，个人才能得到更好的发展。

有一个鄱阳女孩，名叫张春丽，她19岁那年因家境贫寒而放弃了上大学的机会。为了改变家庭的经济状况，她只身前往深圳，投靠在深圳打工的表哥，成为中国显微电子公司的一名普通女工。

张春丽是个不服输、不甘人后的女孩，她从走上流水线的第一天起，就暗暗告诉自己："过去不能改变，但一定要努力改变现状。""要做就做到最好，在什么岗位都要超过领导的期望！"她希望用自己的勤奋和责任，赢得更广阔的发展空间，从而改变自己的命运。

她非常珍惜自己的工作机会，从没有因为自己从事的是一种简单的体力劳动而放松自我要求。她用最短的时间掌握了流水线岗位的操作技能，遇到脏活、累活、苦活总是不等领导吩咐就主动承担，总是抢在同事们的前头。

很快，张春丽吃苦耐劳、认真负责的工作态度得到了公司领导和同事的认可。工作一年后，领导将其从生产流水线调入人事部门，实现了她职场上第一次飞跃。

张春丽刚上任时，为了尽快适应岗位的需要，她每天都要加班到凌晨。她经常虚心地向同事和领导请教，前任主管时常在深夜还要被她电话"骚扰"。不久，她发现公司的薪酬制度不够完善，导致某些员工浑水摸鱼。于是，她编制完善了新的公司薪酬管理制度，重新建立了适应公司运营的薪酬体系；另外，她还根据公司运作的要求和外部市场行情，制订了对骨干员工的中长期激励计划。

新的薪酬体系有效地打破了该企业原来存在的平均主义大锅饭的单一分配体制，既照顾到了公司内部薪酬的阶梯性，让员工看到了希望，得到了激励，又保证了薪资水平的对外竞争优势。因此，这项制度在公司当年的职工代表大会上获得一致通过，并在一年的实施中取得了明显的成效，给整个企业带来了可喜的变化，创造了巨大的效益。这让老板非常惊喜，从此对她更加信任和器重了。

张春丽的成功，在于她能在自己的岗位上做出超出岗位职责的业绩，总是能超出老板的期望，给老板带来惊喜。所以，当她为公司做出巨大贡献的时候，她自己也赢得了先机和主动。

身在职场，绝不能做“按钮式”的员工，满足于老板安排做什么就做什么，老板要求做到什么程度就做到什么程度。真正聪明且有责任心的人，总是用比老板的要求更加严格的标准来要求自己。老板要他完成某项工作，他会比老板期望的做得更好，每次工作都给老板一个惊喜。这样的人，往往都能够成为老板眼中有价值、有含金量的员工。当然，老板在适当的时候也会回报给他同样的惊喜。

某大型贸易公司要招聘一名员工，公司的人力资源部主管对应聘者进行了面试。他提出了一个看似很简单的选择题：

由于干旱，老板安排你上山挑水，去浇公司种下的果树，如果一次挑两桶水，你虽然能够做到，不过会非常吃力、非常劳累。如果只挑一桶水上山，你会很轻松地完成任务。你会选哪一个？

许多人都选了第二个。

这时，人力资源部主管问道："虽然老板没有要求你一定要挑两桶水，但是既然你能挑两桶，干吗只挑一桶呢？你只挑一桶水上山，能够缓解果树的旱情吗？"很遗憾，许多人都没有想过这个问题，他们最终没能通过面试。

人力资源部主管这样解释："一个人有能力或通过努力就能够做好超出自己责任的工作，可他却不想这么做，这样的人责任意识比较淡薄，不能为企业带来最大的效益。我们希望自己的员工都具有强烈的责任心，做出超出责任范围内的业绩来。"

在任何一家企业，老板器重的都是那些能够做出不断超出他期望业绩的员工，那些员工能够为企业带来更大的利益，能够为团队带来更强的战斗力。如果你现在还没有得到老板的器重，你应当问问自己：我有没有超过老板的期望？

记住：老板在为你安排工作时，一定会充分考虑到你的能力。如果你总是能超越老板的期望，不断带给他惊喜，那么在老板的眼中，你就是一个"性价比"高，有能力、有责任心的员工。对于这样的员工，他除了会给你高额的回报以外，还会创造种种条件，让你有更广阔的舞台发挥才能，为你提供更宽广的展示自己的平台。

4. 责任与价值成正比

责任越多，付出就越多，但同样，它的价值也就越高。

英国首相温斯顿·丘吉尔曾说："伟大的代价就是责任。"在政坛上如此，在职场上亦如此。可以说，一个人只有表现出高度负责的精神，才会赢得老板的赏识和重用，员工担当的责任愈大，取得的成功也就愈大。

如今，许多员工并没有完全认识到这一点，把老板看作苦大仇深的"阶级敌人"。在工作中不愿多付出一丝努力，不愿多做一丁点儿事情，不愿多承担一点儿责任。他们错误地认为，多承担责任只会"便宜"了老板，而不会为自己带来什么，自己只是白白"吃亏"。

其实，有智慧的员工不会怀有这样的想法，他们只会想到自己应当多承担一些责任。多承担责任并不是犯傻，而是对老板和自己都有利的做法。很多人可能只看到了成功人士风光无限的一面，却不清楚他们为此担负了比他人更多的责任，付出了比他人更多的努力和代价，才换来今天的荣耀。

有两个年轻人，小王和小张，大学毕业后他们同时进入一家民营企业工作。小王被分到广告设计部门，小张则被安排到财务部门。

刚开始的时候，两个人的工作表现没有太大的差别，因为他们毕竟刚刚踏入职场，工作能力差不多。但是小王仅仅是循规蹈矩地完成上司交给自己的任务，其他事情一概不闻不问，结果给人留下了推诿、逃避工作的坏印象。而小张则总是在完成自己的工作之后，尽量自己找事情做。因此他经常忙得不可开交，而小王则优哉游哉地过着“滋润”的日子。

有一次，小张主动去帮小王所在部门的一名员工整理宣传材料，小王趁同事不注意的时候嘲笑小张：“你真是个二百五，我跟他在一个部门都不帮他，你瞎操什么心啊？你多干了这么多活，有什么用，工资还不是跟我一样，整天累得要死，你图什么啊？缺心眼！”然而，小张只是笑笑，依旧主动做着他力所能及的事情。

半年之后，整个公司进行工作考核，小张的业绩大家都非常满意，在考虑培养新干部的时候就连其他部门的很多员工都纷纷找到主管推荐小张。这让主管大为惊讶，于是他详细了解了小张平时的工作情况，果断地提拔他做了自己的副手。而小王因为平时总是只做自己手头上的工作，不肯多承担一点点责任，结果同事们对他都有意见，主管就很干脆地把他辞退了。

一个人能做出多大成就，往往取决于他有多大的责任心。小张愿意在工作中承担更多责任，因而获得了更多的发展机会，而小王不肯多做一点事情，结果成了企业里多余的人。这就说明，一个人承担的责任越多，他的价值也就越大，得到的回报也就越多。反之，老板就会觉得这个员工价值不大，不会重视他，既然他不愿意承担更多的责任，那么有他没他都一样，何必还养着这样的“废物”？

所以，我们每个人都要警惕，不要让自己成为不能承担更多责任的“废物”，而因此被老板扫地出门。在完成好本职工作后，问问自己：“我还能做些什么？”然后，积极主动地为自己找事做，表现出自己拥有更高的价值，这样也会为自己带来更多的发展机会。

某天，艾伦所在公司的某位主管突然生病住进医院，丢下了一大堆没有处理完的事情。老板已经跟几个部门经理谈过这件事情了，想让他们暂时接管那个部门的工作，可他们都以手中的工作非常忙或者对那个部门的业务一点都不了解为由推辞掉了。

于是，老板问艾伦是否能够暂时接管这一工作。其实，艾伦也十分忙，尽管有些为难，但是他认为老板既然让自己承担这个责任，就是认为自己能够胜任，自己不过就是更加劳累一些罢了。因此，他当即接管了那个部门的工作。

整整一个月的时间，艾伦忙得没有时间歇口气。但是，艾伦最终很好地完成了老板交给他的任务，把自己的部门跟那个部门的事情都处理得井井有条。后来那位主管回来了，对艾伦非常感谢，并且极力在老板面前夸奖艾伦对公司有责任心，是不可多得的人才。

后来，老板要去开拓其他业务，就毫不犹豫地提拔艾伦做了总经理，全权负责原公司的一切事务。

很多时候，领导把你责任之外的工作交给你，就代表领导器重你。这时候，千万不要推脱埋怨，这是一个不可多得的机会。如果你能达到老板的要求，相信你的分量就会在领导的心里加重；如果你用这样那样的借口拒绝承担，那么你在领导心里的印象就会一落千丈，即使有了升职加薪的机会，你还能指望他留给你吗？

当然，一个人担负的责任愈大，那么也就意味着付出就会愈多，这也是许多人不愿意担负更多责任的主要原因。还有一些员工，对自己的能力不自信，总觉得自己胜任不了。其实，人是在锻炼中成长的，只有不断承担更多的责任，才能不断地超越自我，提升自我的价值，使自己逐渐胜任更多的工作。

美国前总统肯尼迪有一句名言："不要问国家能为我们做些什么，而要问我们能为国家做些什么。"作为一名员工，我们也要明白同样的道理，要想着我们能为企业多做些什么。只有这样，才能更快地提高自己的职业能力，在机遇到来的时候不让它溜走。

5. 带着“过门”心态去工作

归属为自己的，更愿意为之努力。

有这样一则有趣的小故事：一位新娘子过门到新郎家的当天，在走进院子的时候，新娘看到有只老鼠跑过，她回过头对身后的丈夫扫了一眼，笑着说：“你们家居然有老鼠！”新郎微笑不语。第二天一大早，睡梦中的新郎被一阵追打的声音吵醒，他看见新娘手拿一根木棍边追边骂：“坏老鼠，我今天非打死你不可，居然敢到我们家来偷米！”

从“你们家”到“我们家”仅一字之差，可是新娘子的心态其实已经完全不同。过门之后，她就是这个家的一分子了，所谓嫁鸡随鸡，婆家荣了自己跟着富贵，婆家衰了自己也跟着倒霉。在现代职场上也应该如此，每位员工进入企业后，都应有“过门”心态，把“你们家”变成“我们家”。

2007 年 11 月 6 日，阿里巴巴在香港联合交易所上市，开盘价为 30 港元，较发行价 13.5 港元上涨了 122%，截至下午 13:22，该股报 35.75 港元。按照前一晚港元对美元的汇率计算，阿里巴巴市值已经超过 200

亿美元。

在经历了上市首日的疯狂后，11月7日，阿里巴巴收盘报出32.60港元的低价，下跌了近17.5%。尽管财富数值有所缩水，但这并未妨碍一个财富新势力的崛起——阿里巴巴的上市，一举造就了上千位百万富翁，在其杭州总部，一大帮年轻人以舞狮来庆祝胜利。

阿里巴巴的高层表示，集团约7000余名员工当中大约有65%获得了公司期权，持股人数约4900人。而在阿里巴巴的招股说明书中显示，目前阿里巴巴持股的4900名员工及董事在内，总共持有4.04068311亿股股份、3919.1742万股认股权以及25.0767万股受限制股权，合计4.435亿股，平均每名员工持股9.05万股。

按平均持股以及32.60港元每股的现价计算，这4900人的人均身家超过了280万港元！而且在将来的一年内，这些股票将可以在市场上出售！因此有人戏言，今后你走进阿里巴巴，随便在楼梯口或者卫生间见到一个员工，说不定就是一个百万富翁。

阿里巴巴上市使得千名员工成为百万富翁，这是中国互联网公司上市造就百万富翁最多的一次。马云也兑现了他的承诺：将有千名阿里巴巴员工成为富翁。

这绝对是一个奇迹。创业之初，这些初来乍到的员工，有谁能够想到几年之后会有一笔天文数字般的财富等着自己？他们一直以来只是像“过了门的新娘子”一样，踏踏实实、尽职尽责地做好每一件事，为“婆家”全力贡献着他们的力量。他们同老板马云和阿里巴巴一起度过了艰难的风风雨雨，员工和企业结成了牢不可破的利益共同体，如今他们以自己的努力创造了一个财富神话，获得了丰厚的回报。

如同阿里巴巴，当企业有了好的发展，身在其中的一员才能获得同样的殊荣。“过门”心态让你将自己放在了团队之中，同时能够以团队角度看待问题。这种大局观让你的视野更加广阔，发展的高度也与他人不同。

从某偏远山区进城打工的小姑娘王慧，由于学历不高，又没有什么特殊技能，于是选择了饭店服务员这个职业。在常人看来，这也许是一个最简单、最没有技术含量的职业，只要手脚勤快就可以了。王慧所在的饭店，有许多服务员已经在那里做了好几年，她们每天就是刷刷盘子、洗洗碗，客人来了不咸不淡地招呼一下，很少有人会认真投入这份工作。因为这看起来实在没有什么需要投入的，它也不像一份正儿八经的事业。

可王慧并不这么想，她一开始就表现出极大的责任感，并且把饭店当成自己经营的事业来用心工作，处处站在老板的角度想问题。她以极大的热情投入工作，半个月之后，她不但能熟悉常来的客人，而且基本了解了他们的口味。只要这些客人光顾，她总是能够迅速热情地打招呼，并且协助客人点出他们喜欢的菜品，这一点赢得了顾客们的交口称赞。显然，她也为饭店增加了不少收益，饭店的生意明显比以前红火了许多。

由于王慧热情周到的服务，很多顾客都成了这家饭店的回头客，他们不仅自己光顾，还经常介绍朋友们过来。有时候，王慧要同时招待几桌的客人，却依然井井有条，一点都不手忙脚乱。

饭店的生意日益红火，老板自然明白是谁的功劳。在老板决定开一家分店的时候，明确提出跟她合作，希望她作为分店的实际负责人，资金全部由老板出，而她将获得新店30%的股份。

现在，王慧早已不是给老板打工的山村小姑娘了，而成为了一家大型连锁餐饮企业的老板。

从王慧的事例中可以看出，无论在哪家企业，员工都需要和企业共进退，不能把自己的利益独立于公司的利益之外。工作意味着责任，一个把公司利益和自己利益统一起来的员工，则会带着百分之百的责任感，全身心地投入其中，尽可能地为企业发展贡献自己的力量，为公司创造最大化的价值。他们这种主人翁的精神，为企业创造更多价值的同时，也提升了自己的价值。所谓“水涨船高”，老板自然会感激为公司付出的员工，并回报他们。

而当你把“你们”变成“我们”之后，视角的改变促使你以更积极、更尽责的态度面对工作，从团队着眼，为全局努力。这并不是浪费精力，而是在赢得自己的未来。

下篇

胜在执行

当责任不再是一种困扰，我们还需要将责任落实的能力——执行力。执行力是将命令和想法转化为行动，以行动实现结果的能力。无论是企业还是个人，优秀的执行力都将是与其他竞争对手区别开来的重要标志。想要凸显个人优势，培养优质、高效的执行力刻不容缓。

◆第八章　执行力是一种能力，拒绝纸上谈兵

我们需要完美的战略与计划，更需要将它们落实的能力——执行力。千万个完美计划，都不如一次完美执行。构思再巧妙，不落实执行，你永远不会知道哪里行不通。所以，执行力是事情成败的关键环节。在职场中，执行力是决定竞争力的先决因素，没有执行力，一切皆为空谈。

1. 完美的计划，更完美的执行

再宏伟的战略、再完美的计划也不过是一纸空文。

在今天的商业社会里，市场就是没有硝烟的战场，企业的生存和发展必须要靠对战略实实在在的执行来实现。企业没有执行力或执行不到位，将会让企业面临危机、失败，甚至破产。同样，在这个充满竞争的职场上，任何组织及其成员要想在竞争中脱颖而出、立于不败之地，都要靠不折不扣的执行力。

执行力就是竞争力和战斗力。现代企业组织并不缺乏明确理智的战略，也不乏才华横溢的领导者和员工，很多企业之所以在市场中被淘汰，缺乏的只是把战略落实到行动的执行上。企业要做大做强必须要具备一个有执行力、战斗力的团队。

李健熙是韩国三星集团的董事长，三星集团是他父亲创立的，他父亲将这个儿子送到日本早稻田大学读书，让他到日本好好学习日本人是怎么做事的，回来研究韩国人应该怎样做。

李健熙从日本早稻田大学毕业之后，到韩国三星集团担任干部，他父亲过世之后又接任董事长一职。1987年，李健熙担任三星集团董事长届满五年，他诊断出企业存在很多病灶：三星电子已经到了“癌症晚期”；三星重工明显“营养失调”；三星建设就像得了“糖尿病”；三星化工属于“先天性残疾”，一开始就不应该存在。从此，他开始大刀阔斧地改革。

又过了五年，李健熙在三星集团东京会议上发言，认为三星明显只有二流水准，他说：“我们的产品为什么需要售后服务呢？为什么不将产品制造到不会发生问题呢？”他认为员工制造出不良的产品，应该觉得丢脸或者生气，证明自己的执行力不行。

李健熙还给三星的员工提出一个问题：该如何以最便宜、最快速的方式制造出最好的产品，才是关键所在。李健熙提倡员工：“从我开始改变，除了妻儿一切换新。”要求从领导到普通员工都“从我做起”，提高自己的执行力。

从那天开始，三星公司的员工开始严格要求自己，他们做的每一件产品都非常好。凭着这种精细到位的执行力，三星逐渐成长为一家在全球范围内竞争力很强的公司。

为什么三星从一个二流企业变成一流企业？他们的业务不是独一无二的，他们的技术不是别人掌握不了的，他们的机器设备也不是全球垄断的，但是为什么他们能做出的业绩别人做不出来？就是因为他们有执行力——公司的战略能够不折不扣地落实到终端产品上。

管理学大师彼得·德鲁克说：“100多年以前，当大型企业首次出现时，他们唯一能够模仿的组织就是军队。”人类组织发展的历史证明：世界上最有效率的组织是军队。如果一个企业的执行力像军队一样，那么何愁不能发展壮大呢？

对于任何一个组织而言，要想完成计划和任务、达到目标，每一个团队成员必须全身心地投入到组织的日常运营当中。执行是上至最高领导者，下至门卫、清洁工都应该认真对待的工作。如果没有执行力，再宏伟的战略、再完美的计划也不过是一纸空文，纸上谈兵罢了。

执行力就是战斗力。一个缺乏执行力的组织，是注定要失败的。无论是企业整体还是员工个人，事业成败的决定因素往往也是执行力，因为只有执行到位才能真正达到预期效果。在工作中，当我们提升执行力时，也就意味着我们要提升利润和营业额，同时意味着我们的战斗力也得到了提升；工作没有坚决贯彻落实到底的执行，就像军队空有飞机大炮但没有战斗力一样。

优秀的员工，不论是处在领导位置上还是普通岗位上，都会对自己的职责不折不扣地执行到底。只有这样，才能提高个人的战斗力，为团队做出更大的贡献。同样，如果每个成员都拥有完美的执行力，那么这个团队就是攻无不克、战无不胜的。

2. 别让口号成为“面子工程”

口号要接地气，便于执行。

我们经常看到，不论是在繁忙的马路上还是在工厂的车间里、办公室的墙壁上，到处张贴着各种各样的口号标语。喊口号确实有提振精神、明确目标的作用，但是这些口号往往不能落到实处，很多口号成了听起来不错的“面子工程”，缺乏执行，喊完也就随之烟消云散了。

口号表达的内容或者期望都是美好的，不会有哪个企业喊出希望自己破产的口号，都希望员工能按照美好的口号去做事。但是，在喊好口号、做好宣传工作的同时，更重要的是要执行到位。无论是多么科学的决策、多么宏伟的战略、多么美好的设想，如果只停留在嘴巴上喊些口号，而不落实在执行上，也只能是“水中月”、“镜中花”，画饼充饥罢了。

在海尔文化中心里，有一条令人啼笑皆非的口号写在微微泛黄的稿纸上："不准在车间随地大小便"。很多人觉得这好像是一个笑话。其实，海尔的崛起正是从这句口号的严格贯彻执行开始的。

1984年底，张瑞敏刚刚到冰箱厂上任，这是一个濒临倒闭的小厂，产品粗糙，滞销积压，资金匮乏。当年，在他之前有三任厂长都未能在此立足，有的知难而退，有的被工人赶走了。

迎接他的，是53份请调报告，工人们8点上班9点就走，10点钟全厂就找不到一个人了。工厂管理混乱，人心涣散，迟到旷工、打架斗殴都是家常便饭，甚至在车间抽烟喝酒、随地大小便等恶劣现象比比皆是。工人明目张胆地偷窃厂里的财物，连车间窗户都被拆掉当柴烧掉了，几乎没有什么东西是不可以拿回家的。

面对这样一个烂摊子，张瑞敏没有畏惧，也没有退却。因为工人长久发不出工资，他就从朋友那里借来几万元钱，为每位员工发了一个月的工资，解决了员工的燃眉之急。然后，抛弃原来厂里一人多高的规章制度，重新制定了13条，并把这些制度写成标语贴在车间里。其中包括严禁盗窃工厂财物、严禁打架斗殴、严禁在车间大小便等等一系列规定，狠抓落实，谁违反了规章制度就扣工资。

以前海尔也不是没有各种各样好听的口号，但是都没有执行到位，只是大家口头上讲讲罢了，谁也没有动真格的。只有张瑞敏来了，用他那把著名的大铁锤，砸碎了76台有缺陷的冰箱，砸碎了脆弱空洞的质量口号，砸出了员工们的执行力意识。

如今，海尔的执行力几乎成了各个企业学习的榜样，海尔的OEC管理成为很多人眼中的法宝，正是靠着无可比拟的执行力，海尔走向了世界，把竞争对手远远抛在了身后。

要切实把工作做好，就不要空喊口号，关键在于执行。人们往往被一些激动人心的口号蒙蔽了理智，以为喊了口号就是做了工作。但是，口号喊得再好，再响亮，也只能挂在墙上看看，说在嘴上听听，变不成现实。要想把口号变成业绩，还是离不开执行。

可惜，很多企业急于树立形象，或好大喜功等目的，往往只注重喊“口号”，在执行上雷声大雨点小。这样必然导致结果不尽如人意，最终走向失败。

任何工作，仅仅停留在表面的喊口号上，而不能有效执行是绝对不行的，成功的关键是在执行力上下工夫。因此，不能仅仅只局限于喊口号、搞形式、做样子，更重要的是要高效地贯彻执行，全力以赴地解决问题，把工作做到实处。

作为在企业中的员工，我们要始终牢记：那些只会说空话、喊口号的人，无法有效地贯彻执行领导的要求，纵使口号喊得再响，也做不出什么卓越的业绩，最终也得不到领导的肯定和认可，只有那些执行力强，能够办实事的人，才会得到领导的青睐。

在工作中，小到领导让你去买一根针，大到国家让你研制宇宙飞船，都需要切实地去执行，才能取得应有的效果。空喊口号或许能够赢得别人一时的欢心，但是必然不能长久。说到底，任何一个组织和企业，都是要求成员来做事情的，不是专门听你喊口号的。喊得再响，能比得过喇叭？所以，要想在职场上立足和发展，就必须提高自己的执行力。

3. 每一个阶段，一丝不苟地完成

一个企业的成功，源于员工在每一个阶段都能够一丝不苟地切实执行。

马云曾经说："我宁愿要三流的战略加一流的执行，也不愿意要一流的战略三流的执行。"这句话说明，战略制定得再好，离开了有效的贯彻执行也是没用的；相反，哪怕战略不是完美无缺的，只要拥有很强的执行力，也是可以做出成绩来的。

在当今企业的激烈竞争中，执行力就是竞争力，如果空有完美的战略，但是执行失败了，就会被竞争对手超越，把机会拱手送给别人，最后让自己在竞争中处于非常不利的被动地位。

衡计分卡创始人罗伯特·卡普兰和大卫·诺顿发现，只有10%的企业真正在执行战略。文章指出，大约有70%的首席执行官失败的原因是：公司战略执行不到位。事实上，除了极少数南辕北辙的错误外，战略本身很难有成败对错之分，大部分只有可行性强不强的区别。理想与现实之间总是有很大差距，战略作为对未来的预期与规划，本身是不可绝对掌控的。大家都想发展得更好，都不想倒闭。但是，就战略最后产生的

效果来看，执行力起着关键作用。

华为是我国有名的网络设备生产商。有一次，华为受国外一家运营商的邀请，去国外建立3G试验室。当华为的几名员工到达地点之后才得知，并不是只有他们一家公司参与这项计划，受邀的还有另外一家比他们实力更强的公司，华为和另一家受邀公司都非常希望拿下这个潜力巨大的市场。

但是，运营商认为华为实力不强。因此，他们不但没有给华为的员工提供核心网机房，就连内部的传输网也不让他们使用。在基础设施缺乏的情况下，华为员工的工作受到了严重的影响。

虽然困难重重，但是华为员工一直想办法贯彻公司的指示："拿下这个客户。"因此，他们积极地寻找能够取得运营商信任的方法。恰好这时对手的技术人员在一次业务的演示中出现了一些差错，引起了运营商的不满。为了保险起见，运营商把华为的设备列为了备用产品。华为的技术人员紧紧抓住这次机会，一丝不苟地投入到了工作中，最后非常完美地展示了他们的3G业务。在华为演示之后，运营商非常满意，立即决定选择华为的设备为主用产品。

竞争对手虽然同样想拿下这个巨大的市场，但是因为最后的演示没能执行到位，白白丢掉了这次机遇，为华为创造了一个展示自己完美执行力的机会，把市场拱手让了出来。

可以想象，如果不是华为的技术人员工作能够执行到位的话，很有可能犯同样的错误，被运营商毫不留情地淘汰。同样是拿下这个客户的战略计划，成功与失败的区别就在于能否执行到位。像华为的员工那样，执行到位了，就能抓住机遇，而竞争对手在执行中只出现了一个小小的差错，他们离目标就已经渐行渐远了。

企业制定的每一项战略或者目标，是成功还是失败都取决于能否执行到位。如果能够把任何工作都执行到位，就会取得最终的胜利。反之，如果有丝毫的懈怠，执行中即使只出现一个小小的问题，都可能使前期的工作和投入“打水漂”，从而前功尽弃，与成功擦肩而过。

战略是一个企业的发展方向、前进目标；而执行是达到这个目标的推动力。只有战略而缺少有效的执行，就无法达到预定的目标，企业的战略就只能“可远观而不可亵玩焉”了。可以说，执行力是战略目标能达到何种程度的决定力量。如果企业缺少有效的执行力，即使制定了一个很好的战略，那也是枉然，成不了现实，只能画饼充饥；如果企业具有超强的执行力，能把一切工作做到位，那么即使制定了一个一般的战略，那它也将取得一定的成功。

“荣华鸡”曾经以“洋快餐走到哪儿我就开到哪儿”名噪一时，高度模仿“肯德基”的经营战略，而且扛着民族大旗，喊出“荣我中华”的口号，在成立之初的两年内达到了单店150万元的单月销售额纪录。

但由于“荣华鸡”扩张速度太快，对包括原料质量、食品加工方法等没有严格的限定；同时，在服务标准化上，对包括员工的文明规范，以及店堂环境设置等在内，没有具体的标准要求和严格的质量监控体系，结果导致各分店各行其是，产品和服务质量参差不齐，执行力不够，最终失去了消费者。

六年后，北京的最后一家“荣华鸡”在安定门歇业，最终黯然退出市场。

为什么同样的战略能使麦当劳和肯德基成功，却使“荣华鸡”失败呢？占尽了天时、地利、人和的“荣华鸡”跟麦当劳、肯德基的主要差距不是在战略上，而是在执行力上。

戴尔电脑的创始人迈克尔·戴尔说：“一个企业的成功，完全是由于公司的员工在每一个阶段都能够一丝不苟地切实执行。”员工代表着企业的形象，某一个人没有执行到位，就是企业战略没有执行到位。一个企业的衰亡往往只是源于某个员工一次小小的工作疏忽。因此，作为员工，我们要时刻提醒自己，不要因为自己的执行不到位，给整个企业造成损失，甚至带来灭顶之灾。

在工作中，牢记执行第一，把自己负责的工作做到位。企业就像一个链条，每一个员工都是链条上的一环，只有每个人都有效地贯彻执行公司的任务，才能保证这个团队高效平稳地运行，保证公司的目标顺利达成，保证个人的职业理想得以实现。

4. 行走不难，只要迈出第一步

从行动开始，一步一步向前，就能到达成功。

孔子在《论语·里仁》里说："君子欲讷于言而敏于行。"大意是说，君子的修养是说话的时候要谨慎，而做事的时候要行动敏捷。我们把这句话引申到职场上也是适用的，成功要靠积极的行动来打造。

任何一个成功的企业或者个人，如果没有高效的执行力，那么不论这个企业的战略规划多么长远完美，个人多么睿智或者才华横溢，都只能是昙花一现，偶尔发发光罢了。如果缺乏积极的行动，那么一切不过是表面的虚假华丽，没有货真价实的东西。

一个人要想成功，就要从积极行动开始。成功者与失败者的不同就在于，前者能够积极行动，"敏于行"，后者则不能。企业或者个人的成功，不在于能知，而在于能行。

陈金飞谈到他创业阶段的时候曾说，起步是最为艰难的时刻，但是只要积极去行动，那么离成功就会很近。

陈金飞创业之初很艰难，他的办公室非常简陋，而且还在一个猪圈的后面。他的厂房盖得很随便，根本没有设计图纸，跟现在的市场大棚差不多，屋内的办公设备也很简单，仅有他自己动手改造的一个办公桌和几个小板凳，还有一把老式竹椅。

但就是在这里，陈金飞积极地实践着他的创业计划，他在这个简陋的地方接待了很多重要的客户，其中还包括外商。

陈金飞的第一笔生意，是给北京篮球队印几个球衣上的号码。他和工人们一起动手，不到10分钟就干完了，这笔生意他们赚了35元钱。

陈金飞认为他成功的原因是靠积极的行动。当时有好多人条件比他们好，资金比他们雄厚，却没有成功。就是因为他们束手束脚地不去行动，结果错过了机会。

那时有一个美国发泡印花订单，当时这种发泡技术还没人掌握，就连国营大厂都不敢接，他们怕麻烦，更不愿意冒险，因此都不去尝试。后来，外贸公司找到了陈金飞，他一口答应了下来。但实际上，他们根本就不知道怎么干。他积极地想办法解决，天天跑化工商店，请教工程师，整天做实验，最后终于掌握了这项技术。就这样，他们靠着这股积极行动的干劲做成了近百万元的生意，公司前期几百万元的收入主要都是来自发泡印花的订单。

靠着这些资金和积极行动的做法，陈金飞一步步建立了他的商业王国。

无论我们做什么事情，都要有一种积极行动的意识，我们要相信一点：只有行动才能带来结果，只有我们把目标、梦想付诸行动，我们才能走向成功，才能把梦想变成现实。每个人都有巨大的潜能，不积极行动，只躺在床上梦想成功，这些能力是难以激发出来的。只有向着目标坚定不移地积极行动起来，才能将前进道路上的障碍和困难统统解决，走向成功。

古罗马一位大哲学家曾说过："想要到达最高处，必须从最低处开始；想要实现目标，必须从行动开始。"毋庸置疑，在竞争激烈的职场中，你只有立即着手积极行动，一步一个脚印地做好手中的事情，你才有可能比其他人更快地接近目标，攀上人生的顶峰。

千里之行，始于足下。在职场中行走，一定要明白这个道理。在成功的漫漫征途中，每走一步都会缩短与成功的距离，留下坚实的脚印。如果没有行动，不肯迈出你前进的脚步，那么纵然成功离你很近，也永远不能到达。

当年，英勇的红军战士在长征途中为了摆脱敌人的围追堵截，挽救革命的星星之火，在党中央的领导和指示下，决定夺取泸定桥，强渡天险大渡河。接到这个命令的红军勇士们，必须在一个昼夜强行军 240 里，然后再与敌人展开激战，才能完成任务。

在今天看来，这似乎是个不可能完成的任务。但是，红军战士做到了，粉碎了敌人的图谋。靠着两条腿，一昼夜行军 240 里，这是军事史上的奇迹，也是红军留给我们的一笔宝贵的精神财富。他们用事实告诉我们，奇迹是靠行动创造出来的，成功也是靠行动创造出来的。

还有一个例子：曾经有一位 65 岁的美国老太太，她从纽约市出发，步行到了佛罗里达州的迈阿密。当她到达目的地的时候，有一位记者采访了她，想知道她这一路是如何走过来的，到底是什么样的力量支持着她走完全程的。

老人回答说："走一步路是不需要花多少力气的，我所做的就是这样：走一步，再走一步，一直走下去，结果就到了。关键是，你要迈出你的脚步去行走。"

成功源自于积极行动，只有行动才会有结果。当一个人积极地去行动的时候，就能够充满力量和激情地去挑战一切困难，任何伟大的目标、伟大的计划，最终必须落到行动上才能实现。正如乔治·马萨森所说："我们获胜不是靠辉煌的方式，而是靠不断努力的行动。"

记住杰克·韦尔奇给年轻人的忠告吧："如果你有一个梦想，或者决定做一件事，那么，就积极行动起来。"有些人之所以不能积极地投入行动，有些是因为心中的不自信，不相信自己能做好，不相信自己能成功。确实，世界上没有万无一失的成功，即使付出行动也不一定能够成功，但若不付出行动，那就肯定不能成功。不经历风雨，怎么见彩虹？

每一个人，要想在职场中获得成功，要想在人生的激流中破浪前行，创造自己的奇迹，就不要怕在前进路上经历风雨，应该积极地行动起来，风雨兼程，向着理想的彼岸奋勇前进。

5. 无须守株待兔

工作是干出来的，不是等来的，守株待兔不可取。

我们都知道守株待兔的故事：一名农夫在种田的时候，偶然遇到一只兔子撞死在木桩上，于是他坐在旁边干等着千千万万只兔子接着撞过来。可惜的是，直到他的地里长满了荒草，荒芜得不成样子，也没有再次等来一只倒霉的兔子。

谁都知道天上是不会掉馅饼的。同样，职场上也不存在不劳而获的事。如果谁还存在侥幸心理，那么势必会被撞得头破血流。一座高楼大厦，要从理想中的设计蓝图变成现实的建筑，离开踏踏实实的工作是不行的，缺少一砖一瓦都不能成为一座完美的建筑。这一砖一瓦都不是天上飞来的，都需要实实在在的工作来实现。任何人如果存在侥幸心理，不付出努力，而坐等天上掉馅饼，都是不现实和非常愚蠢的。工作都是干出来的，没有付出就不可能获得回报。

老张和老王是邻居，而且他们是几十年的同事和老朋友了。他们原先同在一家国营机械厂上班，老张是工厂里的工程师，老王则是一名普通的车间技术工人。

非常不幸的是，近几年由于市场竞争日益激烈，他们所在的工厂经营不善，倒闭了，他俩都被买断了工龄而下岗了。两个人才四十多岁，下岗之前都是家里的顶梁柱，总不能一直在家闲着吧？为此，两个人合计着得尽快找个工作，重新上岗。

虽然下岗了，老张对自己的前途还是很乐观的，他觉得自己是工程师，是高级人才，到哪个单位还不得抢着要啊？于是，他在报纸上发布求职信息，要求的薪酬待遇很高，他相信自己一定能遇到“伯乐”。老王本来就是一名普通的技术工人，他的求职要求并不高，只盼着尽快结束失业的日子。

后来，当地一家民营企业招聘了他们，虽然他们是老工人了，但是按照规定，他们还是要有三个月的试用期。对此，老张颇有怨言，而老王则踏踏实实地做起了工作。

老张的工作还跟原来在国企一样，每天上班就是晚来早走，上了班也是喝茶看报，效率极低。老板吩咐他做的设计工作，他认为都是小儿科，一点都不放在心上。他想，我是工程师，是人才，怎么着老板也得高看一眼吧？

三个月试用期很快过去了。结果，作为高级人才的老张收到了解聘通知书；而老王，因为扎实肯干的工作作风，直接被正式录用为段长。

老张躺在自己“工程师”的招牌上心存侥幸，以为公司会很重视他这位“人才”。但是，企业是讲效益的，工程师不能创造效益也一样会被淘汰，千里马如果不跑还不如老黄牛快。工作是干出来的，不去付出努力，而只是心存侥幸，准备坐享其成是行不通的，企业终究不是养老院。

在职场上，我们需要的是实实在在的付出和努力，存在侥幸心理是要不得的，工作成绩不是想出来的，也不是看出来的，更不是等出来的！成功的理想和现实之间，没有实干铺路是不能通达的。冰心曾经写过一首诗：“成功的花，人们往往只惊慕她现实的明艳，然而当初它的嫩芽儿，却浸透了奋斗的泪泉，遍洒了牺牲的血雨。”

成功是什么？成功是屋檐下一滴滴雨水穿透顽石，成功是一粒粒沙聚成高塔，成功是默默流汗、埋头苦干地付出……要想成功，少付出一点汗水都是不行的，那些守株待兔、坐等天上掉馅饼的人终究不能由一粒种子长成参天大树，他们注定触摸不到成功的衣角。

在拿破仑帝国时期，法兰西与欧洲发生了连续数年的大规模战争。当时，指挥同盟军的是威灵顿将军。

然而，威灵顿将军指挥的同盟大军在天才的拿破仑面前一败再败。在一次大战中，同盟军再次惨败，威灵顿将军狼狈不堪地逃到一个破屋里。想到当天的惨败，威灵顿将军恨不得一死了之，他甚至祈祷上帝让拿破仑从马上掉下来摔死。

就在此时，威灵顿将军发现墙角有一只蜘蛛在结网，但是还没结好就被风吹断了。于是，蜘蛛又重新忙了起来，但这次还是没有结成。威灵顿将军望着这只失败的蜘蛛，不禁又想起自己的失败，更加唏嘘不已，同病相怜。

但蜘蛛并没有放弃，它又开始了第三次。蜘蛛的这次努力依然以失败而告终，但它丝毫没有放弃的意思，仍然继续着它的工作。它就这样锲而不舍地干着。

第七次，蜘蛛终于把网结成了！

威灵顿将军看到这一切，不禁流下了热泪，他被蜘蛛永不放弃的实干精神深深感动了。他决定继续带领他的部队战斗下去。

后来，威灵顿终于在滑铁卢一役中打败拿破仑，取得了决定性的胜利。

成功没有侥幸，实干决定命运。

诚然，人的生存和发展背景是不同的。但是，含着金汤匙出生并不叫成功，那只能说是在某些方面比较幸运罢了，个人的成功还是需要自己的努力。而且，对所有的人来讲，都不可能重新降生到一个让你羡慕的家庭。在工作中，我们必须抛弃所有伤春悲秋的抱怨和一夜功成名就的侥幸心理，只有实干，才能实现你的价值，也只有实干才能给你带来真正的成功。

实干，是一个人在职场上的立足之本，如果不能实实在在地干事，反而抱着侥幸心理盼望领导的目光注视在自己的身上，那是很不成熟的。我们已经不是小孩子了，小孩子可能因为长得讨人喜欢得到大人无偿给予的糖果，但是作为一个成熟的职场人来讲，盼望老板或者命运的恩赐就很不理智了，一切都要靠自己的努力去争取。

生活在充满诱惑的世界中，也许你在苦苦等待哪一位伯乐慧眼发现，一下子就把你放在重要核心的位置上。但是，请放弃不切实际的侥幸心理，你要相信，机遇只青睐那些有准备的人，任何工作都是干出来的。努力工作吧！我们要获得成功，根本不需要等待撞死的兔子，我们只需要收获自己播下的种子结出的果实。

◆第九章 实现执行力，贵在到位

执行不到位，等于没执行，甚至可能造成比没执行更糟糕的结果。不仅浪费了时间与人力，而且可能使原本正确的方向偏离。所以，既然做了，就一定要做好，否则不如不做。如果我们能够以这样的态度执行工作，那么距离成为高执行力员工就不远了。

1. 第一时间把问题解决

面对问题，解决它，即为执行力。

在职场中，我们不可避免地要遇到各种各样的问题，这些问题就是横在我们面前的一道道坎，是迎难而上、勇敢地越过它？还是知难而退，遇到困难绕着走呢？很显然，有进取心的人，绝不会在困难面前止步，更不会逃避或推诿。面对问题，他们的第一选择肯定是：解决它！

职场中的优秀人士，无不具有这样一种精神和职业素质。只要是在工作中出现的问题，就是自己必须要解决的问题，不会寻找任何借口或理由将它推卸或搁置。如果遇到问题把它放在那里不去解决，那么自己的工作其实就是没有到位，这类员工的工作能力就值得怀疑。

“三个和尚”的故事我们都听说过：一个和尚自己挑水吃，两个和尚还可以抬水吃，三个和尚互相推诿谁也不去打水，最后反而没水吃了。在工作中，问题如果出现了，不要把它放在那里，放在那里只会使问题越积越多，也不要侥幸地希望别人来解决，等和靠都是于事无补的，问题出现了，解决它才是唯一的出路。

李开复历任微软副总裁和谷歌中国区总裁等职，他是许多职场人士的偶像。

李开复初入职场时，曾经在苹果公司担任技术工程师。有一段时间，公司经营遇到了很大的问题，员工士气比较低落，整个公司的氛围都很压抑，如果不立刻找到突破口，问题会越来越严重。

本来这些问题对李开复来说似乎是“分外”的事情，他是搞技术的，不是搞市场的，经营问题本应该由市场部来解决。但是李开复没有这么想，他认为作为苹果公司的一份子，公司的问题就是自己的问题，自己应该主动帮助公司解决问题。

李开复积极开动脑筋，想方设法地为公司出谋划策，以帮助公司度过难关。他写了一份题为《如何通过互动式多媒体再现苹果昔日辉煌》的报告，指出了公司存在这样一个现象：公司有许多很好的多媒体技术，可是因为没有用户界面设计领域的专家介入，这些技术无法形成简便、易用的软件产品。他建议，把多媒体技术作为公司打开市场的一个突破口。

报告被送到高层领导那里以后，他们非常欣赏这个想法，最后一致决定采纳李开复的意见。结果，苹果公司平安地度过了这次危机，李开复也很快地被提升为媒体部门的总监。

多年后，李开复遇到了一位当年在苹果公司共事的上司，对方感慨地对他说："如果不是那份报告，公司就很可能错过在多媒体方面的发展机会。今天，苹果公司的数字音乐可以领先市场，也有你那份报告的功劳啊。"

可能职场中的大多数人都不会主动去揽这样的"分外事"，自己职责之内的问题还没解决呢，何必"多此一举"呢？但是，那样的员工也永远成不了李开复，永远成不了职场中耀眼的成功人士。

很多人不愿意解决问题，不是没有解决问题的能力，而是缺少执行到位的意识。他们总觉得自己干的还可以就行了，遗留一点问题不要紧，执行不到位的结果也许一时半会儿看不出来，但是日积月累就会成为执行力的大问题。在工作中，无论大小，任何问题只要出现了都不应该放过，都应该解决掉，要做一个拥有完美执行力的员工。只有这样，我们才能在职场中做出令人瞩目的成就。

很多人在面对困难时，总会有这样的想法："这个问题老板没有直接指示我去做，让技术部的同事们去处理吧！""客户对产品的质量提出了质疑，又不是我一个人生产出来的，我出这个风头干什么？""我已经把工作完成了，出现了新问题我可就不管了。"

这些想法或者做法是要不得的。工作中出现了问题，如果没有把它们解决掉，就是工作还没有做好。把问题留在那里，能说自己的工作做到位了吗？当我们遇到工作中的问题时，第一反应应该是：有效地解决它。

约翰先生要退休了，公司董事长格林先生做了例行讲话，强调了约翰对公司的贡献和公司对他的怀念。然而庆祝大会结束后，约翰就好像被人遗忘了一样。

其实约翰和董事长格林一起进入公司，格林并不比约翰聪明多少。但是格林很上进，经得起磨炼，不怕吃苦，遇到任何问题都不逃避，都能完美地执行上司交给他的任务，而约翰却不然。

有一次，公司要约翰到南方去掌管分公司，但约翰觉得南方公司的问题很多，所以拒绝了。像这样的机会有好几次，他本来可以获得晋升的，但是他不愿意为公司解决问题。所以直到退休，他在公司领到的薪水最高不过7000美元，而格林却是他的100倍。

约翰后来对自己的好朋友说："其实，很多问题出现时，我都没有认识到这也是绝好的晋升机会，我只看到更多的困难和付出。我不能为公司解决问题，所以最终，我什么也没有得到。"

在公司里，许多人对应该解决的问题都视而不见，不闻不问，这样缺乏完美执行力的员工自然不能得到幸运女神的垂青。一个优秀的员工，遇到问题时，会以"当仁不让"的态度，把工作中遇到的问题完美地解决掉。只有那些善于解决问题的、把工作做到位的员工，才是能得到重视并得到更大空间和机会的员工。

员工的执行力体现在解决问题上。遇到问题，不会不闻不问，或者推诿逃避，而是尽自己最大的努力，在第一时间就把问题解决掉，绝不拖延，绝不给工作留“尾巴”。这样工作才算是执行到位，这样工作才能取得理想的成果。

害怕面对问题，把问题留给别人，就是把机会让给别人。工作中，能否解决问题，表面看起来与机遇没有关系。但是，只要把工作中的每一件事都干好，把遇到的每一个问题都处理好，让自己拥有完美的执行力，那么你最终就能开启成功的大门。

2．执行力，连接计划和结果的纽带

好的执行力是将计划完美实现的有力工具。

对于一个企业来讲，没有完美的执行力，便没有竞争力。拥有再长远的战略、再完备的规划，如果执行不到位，那么企业仍将在激烈的市场竞争中处于下风，并最终被淘汰。一个良好的战略只有在完美地执行后才能显示其价值，对于一个企业来讲，将既定战略执行到位是成功的关键因素。

布置好并不等于完成好，老板吩咐得再好，如果下属没有把工作落到实处，那么效果也会大打折扣。一项计划、一个目标的完成结果不仅仅取决于事前的考察、设计，更在于执行是否到位。执行不到位，再好的规划和预期，也只能是纸上的蓝图、海市蜃楼。执行不到位，不仅不能达到预期的目标，有时候甚至会南辕北辙，使结果与预期大相径庭。唯有切实地把工作做好，才能完美地体现初衷。员工应该经常反思自己的工作，自己的工作计划是否已经执行到位了？

每一个老板都会对下属有要求，这些要求都会指向明确的结果，每一个企业都会有战略目标，同样地，每一个目标都会有最终的预期。但是，现实的结果往往与目标之间存在很大的差距，要么没有完成任务，要么结果偏离了目标。那么问题出在哪里呢？关键就是执行不到位。

执行不到位，还不如不执行；布置得再好，也不等于结果一定出色。因为，这两者之间还隔着关键的执行。执行到位，就会产生预期的工作结果；如果执行不到位，结果就可能谬以千里，吃力不讨好。

对于企业来讲，要实现发展就必须建立一整套与市场相匹配的战略规划，以及和实际操作相结合的内部运作方案，并要下定决心保证方案执行贯彻到位，保证将每一项制度、工作落到实处。美国通用电气在其财务年报里骄傲地宣称：通用公司一旦确定一个策略，便可以在两个月内执行到位。这就是通用公司不断发展壮大的根本原因，这种良好的执行力是值得我们国内企业学习的。

国内一家企业因为经营不善，濒临破产，无奈地被一家日资企业兼并了。

日方派出一位经理来管理，员工以为这位外国经理肯定要大刀阔斧地改革一番，不知道会给工厂带来什么样的先进技术或者设备。令人感到意外的是，这位经理几乎什么也没改变，除了财务部门带来一个日本人以外，其他工人一个也没动。工厂里原先制定的规章制度也没变，就连生产设备也没有任何改变。

日方经理就一个要求，就是把这个企业先前制定的各项制度、方针、政策坚定不移地贯彻落实下去，执行不到位的员工坚决按照惩罚措施来处理。结果不出一年，企业就实现了扭亏为盈。

布置好是一件很容易做的事情，但是完成好却并不轻松。完成好需要员工有良好的执行力，执行力是把纸上谈兵化成实际战果的唯一纽带。对于身为企业一员的员工来说，不仅要深刻理解公司领导布置的任务，更要在工作中做到执行到位，把老板布置的任务完成好，做一个拥有执行力的优秀员工。

任何一项工作任务的完成，都是执行力发挥作用的结果。没有执行力，再完善的制度也是一纸空文。对于一个企业而言，战略固然重要，但更重要的还是如何将战略实操到员工的工作中。

真正有执行力的员工应当把领导布置的任务完成好，把工作做到位，认真贯彻落实企业的各项要求。这样，企业之树才能长青，个人在职场上也才能取得胜利。

3. 越到最后，越关键

执行的最后关头如果出现偏差，很可能使整个工作成果化为乌有。

荷花开放的时候，第一天只开一小部分，到了第二天，它们就会以前一天两倍的速度开放，到了第30天，就开满了整个池塘。很多人认为，到第15天时，荷花会开一半。然而，并非如此。事实是，直到第29天时，荷花才仅仅开满一半，最后一天才会开剩下的一半。可以说，最后一天的速度最快，等于前29天的总和。

古人说的“行百里者半九十”，也是类似的道理。执行的关键往往在最后，最后步骤如果不到位，一切将会前功尽弃，前面的付出也就白费了。荷花差一天，都不能开满池塘，事情差一步，都会与成功失之交臂。越到最后，事情就越关键、越重要。所以，执行一定不能忽略最后的一步，最后的一步往往才是最关键的，是对结果影响最大的。

执行的关键在于到位，就像我们烧开水一样。前面烧得再旺，如果只烧到99摄氏度就停下来了，那么它仍然只能叫作热水而不是开水，差1度都不行。99度跟100度之间，相差仅仅1度，但却是一个量变到质变的飞跃。要实现完美的执行，就不能忽略最后的步骤。

某位企业家讲了一个自己亲身经历的故事。

在沿海地区大开放的时期，他应聘到当地的一家创办不久但已经小有名气的报社。当时那家报社最缺乏的是广告业务，而他上班不久就给单位带来了一份很大的见面礼。他的一位朋友要到这个城市的开发区投资，并计划在当地投放总价值为83万元的广告。在他的努力下，朋友最终将这笔业务给了他。因为业绩突出，报社准备提拔他为副社长。

开发区举行奠基仪式那天，他带上了社里最优秀的记者和广告部全体人员赶到现场，计划进行大幅度宣传。在奠基仪式结束后，有位朋友邀请他去唱卡拉OK放松一下。盛情难却，再说他也感觉自己的工作基本完成了，已经到了收尾阶段。于是他向下属交代了一下就去了。那天，他玩到凌晨一点多钟才回家。

但是第二天早上，他就被社长一通训斥。原来，这天他们出版的报纸犯了一个最不应该出现的错误。头版头条的新闻标题本来应该是："某某开发区昨日奠基。"而摆在他面前的大标题却是："某某开发区昨日奠墓。"

当时南方沿海城市的企业都特别重视"彩头"，喜欢吉利的数字和文字，而把"基"写成"墓"，毫无疑问是犯了企业的大忌，更何况这还是开发区项目正式启动的第一天。

结果可想而知，朋友一怒之下取消了83万元的广告订单。不仅如此，报社的声誉也因此受到了很大影响，一些原本准备在这家报纸上投放广告的客户，纷纷取消了自己的计划。

本来，他自以为派出的是报社最优秀的记者，可以非常放心。而且他离开之前，还特意请副总编对稿子严格把关。记者的稿子确实写得很好，但他手写的稿件字迹却很潦草，“基”和“墓”看起来非常相似。

稿子到了排版人员那里，他想当然地把“基”字当成了“墓”字。稿子排完版后，交到副总编那里，正赶上副总编家里有急事，于是他只匆匆看了一眼，并没发现这个错误，就签发了。

于是，原本想在那座城市大展宏图的他，只能黯然地告别了自己的梦想。

从表面上看，这位副社长前期工作做得很不错，但是，由于最后一个小环节没有落实到位，不仅“煮熟的鸭子飞了”，而且还给单位的形象和声誉造成了不可挽回的损失。所以说，最后的步骤不到位，前面的执行就是空谈，甚至会带来比不执行还要恶劣的后果。

在执行的过程中，常常会因为相关人员的疏忽大意，不能够执行到位，致使之前的努力前功尽弃，功亏一篑。最后，给自己和企业带来巨大的损失，甚至会留下终身的遗憾。

很多人之所以执行不到位，原因往往在于自认为前面的步骤完成得很好了，很快就可以万事大吉了，因此心理上放松了，忽略了最后的步骤。最后的步骤之所以重要，是因为只有做好最后一步，成果才会显现出来，少做一分都不行。前期工作做得细致周到，最后的步骤又毫不放松地落到实处，这样的执行才能获得成功。

小陈和小张在同一家酒店的餐饮部实习。

一次，一位住在酒店的客人到餐厅吃饭，菜已经上桌了，他却接到一个电话。之后，他叫住了正在为他服务的小陈。“真不好意思，朋友突然找我有急事，我必须现在去，菜先放在这里，一会儿我回来再吃。”小陈微笑着点了点头，准备让他走。

这事本来与小张无关，但是，她却走过去，面带微笑诚恳地对客人说：“先生，请您放心，我们一定将您的菜留着。不过我们酒店有规定，需要先付账，希望您能理解我们的做法。”

“那好，我去前台签单吧。”客人爽快地答应下来。然后，小张笑容满面地带着客人到前台签了单。

客人出去后，很晚才回来，小张就一直等在那里，还通知厨房留一个人值班，等客人一回来，她马上让厨房的人将热好的饭菜给客人端了上来。

不仅是这件事，工作中的每一件事，小张都要求自己做到位。就这样，小张从一个小小的服务员开始，一步步地走了上来，不到30岁就当上了酒店的副总。

在工作中，人们往往都很重视开头。良好的开始是成功的一半，工作开始时往往热情高、干劲足，执行起来精力集中，全力以赴。但是，很多人往往坚持不到任务结束，忽略最后步骤的重要性。执行的最后关头如果出现偏差，很可能使整个工作成果化为乌有。

因此，在职场上行走，我们要时时刻刻告诫自己，执行力需要善始善终，不能虎头蛇尾，如果最后步骤执行不到位，前面就是白执行。

4. 不必完美，但要尽全力

谁都不能保证未知的结果是百分之百完美，但我们可以尽自己百分之百的努力。

执行不到位，会使执行的效果大打折扣甚至徒劳无功。身在职场的你，是否曾有过这样的经历：在工作时，没有全力以赴地把事情做到百分之百，自己认为没什么大不了，可结果却和自己想的大相径庭。表面看起来，你也是在不停地付出、忙碌，但是这种忙，却没有忙出你想要的效果。

今天这个时代，职场生活已经融入我们的整个人生历程之中，我们对待自己的工作，不能把它仅仅当作是谋利的工具，而应该与自己的人生追求和生命价值紧紧联系在一起。因此，打造我们百分之百的执行力，是实现我们人生价值的重要组成部分。

很多人从默默无闻的基层工作者，变成一鸣惊人的职场明星；很多人从一贫如洗的穷苦人民变成万众瞩目的财富新贵。他们并不比别人更加幸运或者聪明，甚至他们中的很多人身世坎坷、命运多舛，受尽了磨难，他们的成功有一个共同的秘诀：一切都要做到最好。无论什么工作，他们都用百分之百的执行力去做，把它做到最好。

艾伦·纽哈斯两岁丧父，寡母用尽一切努力维持生计。艾伦在十多岁的时候，利用假期在南达科他州祖父的农场里，开始了他的第一份工作：赤手去捡牧场上的牛粪饼！

这份又脏又累的工作一般人都不愿意做，小艾伦也不愿意做，他非常希望做放马的工作，但是祖父却安排了他去捡牛粪饼。尽管这看上去并不算一份像样的工作，但他依然很认真地在做，并取得了很大的成绩。仅仅一个假期，祖父的储草间里就堆满了他的工作成果。

一年后，又到了假期打工的时候了，艾伦的祖母开着福特车来接他，并告诉他，因为去年夏天他捡牛粪时表现得极其出色，他的祖父将要把他想要的放马工作交给他。这样，他在工作岗位上得到了第一次提升，这使得他很开心。只要把手头的工作百分之百地做好，就一定能实现自己的理想，这个信念开始在他脑袋中生根发芽。

后来，艾伦成为南达科他州一名每星期挣1美元的肉铺帮工。这份工作在别人看来仍然是很脏很累的，但是艾伦却没有嫌弃，因为这比起他以前捡牛粪饼的工作好多了。他努力做好肉铺师傅下达的每项任务，让他切肉就切肉，让他剁骨头就剁骨头，他把一切工作都做得很完美。

也正因为他这种把事情做到完美的工作态度，不久后的一次机遇让他成为了美联社的一个实习生。再后来，他成为了每星期挣50美元的美联社记者。把工作做到百分百，也成为艾伦工作的信条。很多年过去了，他成了加内特报业集团的首席执行官，并把该公司变成了美国最大的报业集团，他的年薪也达到了150多万美元。

艾伦·纽哈斯后来创办了美国第一家全国性的报纸，也是全美国模仿最多、阅读面最广的报纸——《今日美国》。回想起童年，他感叹道："要做就做到最好，这种百分之百的执行力改变了我一生的命运。"

任何事情，只有做到100%才是完美，99%都不行。同样的规章制度，同样的机器设备，为什么有的企业发展壮大了，而有些企业却关门大吉了？其实成功和失败之间最大的差别，恰恰就在于执行能否到位。企业的兴衰与每一个员工的执行力有着密不可分的联系，员工百分百的执行力才是企业高速发展的根本推助力。

打造个人百分百的执行力，做到最好，是一种对待职业的神圣使命感，是一种负责敬业的职业精神，是一种完美的执行素养，也是个人与企业实现双赢的最佳纽带。积极而有成效的行动不仅会让你收获一个完美的工作结果，更会让你增加自信和成就感，从而产生心理上的良性循环，让你保持持久动力。

贝蒂是一位房地产推销员，她工作十分出色，她不像其他推销员一样，仅仅把房子卖出去就万事大吉了。尽管已经卖出了房子，她仍然会给顾客们更多的服务，虽然那看起来已经不是她的工作范围了。

在顾客入住新房子之前，她会去了解供水供电是否正常，以确保顾客的正常生活不受影响。她熟知当地学校和教师的情况，甚至叫得出一些老师的名字，于是她给顾客提供意见，为他们的孩子转入新学校做一些参考。她还能精确地说出附近的交通状况等等。她知道刚搬家时顾客做饭不方便，因此每当新住户搬进新居，她都会准备一份礼物，并在住户入住的第一天与他们共享一顿晚餐。她还介绍新来的住户加入社区的俱乐部，把他们介绍给邻居们。

这些听起来很不可思议，但贝蒂做到了，她从各个方面尽力帮助新住户迅速融入社区生活。结果，顾客们在买了房子之后，仍然愿意找她帮忙解决问题。他们觉得贝蒂不仅仅是个卖房子的销售员，更是能帮助他们更快乐地生活的好朋友。可想而知，贝蒂的业绩在口碑相传之下，自然是芝麻开花节节高了。

优胜劣汰的丛林法则也同样适用于职场，多少人成为竞争中黯然退场的失意者，我们要在这个激烈的经济社会中站稳脚跟并不断前行，成为时代的领跑者，就必须要使自己拥有克敌制胜的资本。这个资本，就是工作中完美的执行力，百分百的执行力！把任何工作都做到最好，那么就永远不会有人能占据你的位置，就永远不会被超越、被淘汰。

在工作中，一定要严格要求自己，任何事情，要么不做，要做就做到最好。接受一项任务，就要全力以赴，用百分之百的执行力把它完成好。把任何工作都做到最好，那你在竞争中自然就会是那个无可争议的顶尖员工。

一分耕耘一分收获，成功不是单靠上天带来的运气，也不是靠老板善意的施舍，而是靠自己的打拼努力。无论你从事什么样的工作，也无论你在哪个行业，只要你能坚持不懈地打造自己百分之百的执行力，任何事情都做到最好，你终将能够获得成功。

5. 耐得住烦，忍得住琐碎

以做大事的心态完成小事，不急躁、不烦闷。

在康熙的诸多儿子之中，论德行才干，老四爱新觉罗·胤禛都不是上好的人才。但是睿智的康熙皇帝在经过层层考察筛选之后，却将皇位传给了他，成就了这位历史上有名的雍正皇帝。康熙对雍正的评价是："耐烦不怕琐碎。"就是能够把小事做好，不眼高手低。

"九层之台，起于垒土；千里之行，始于足下。"量变产生质变，任何一件大事，都是由一件件小事组成的。无论在生活中还是工作中，都不要忽略小事情，即使是小事情我们也要用做大事的心态去对待，把小事情做到极致，如此才能成就大事。

很多成功者也并不是从一开始就卓越非凡，他们多数也是从做好小事情开始的，但是他们与急功近利的人不同。他们拥有完美的执行力，往往能够把小事情做到极致、做到完美，从而一步步为自己赢得做大事的机会。试想，如果连那些不起眼的小事情都能做到极致，那么做大事也就自然不在话下了。就这样，他们完成了从丑小鸭到白天鹅的蜕变，做出了令人瞩目的成就。

汤姆·布兰德20岁进入福特公司的一家工厂，他从第一天上班起，就想在这个地方成就一番事业。不过，他没有像很多年轻人那样，迫不及待地寻找一切可以晋升的机会，或者不择手段地往上爬，而是甘于从小事做起。

汤姆·布兰德从最基层的杂工开始，杂工的工作就是哪里需要去哪里，让你干啥你就干啥。虽然都是一些不起眼的小事，但是他干得非常认真，把小事做到了极致。

干了一年的杂工以后，汤姆·布兰德基本熟悉了从零件到装配出厂需要的13个部门的生产流程，这为他以后成长为一名有整体眼光的管理者打下了良好的基础。

然后，汤姆申请调到汽车椅垫部工作，在那里他掌握了做汽车椅垫的技能。后来他又申请调到点焊部、车身部、喷漆部、车床部等多个基层部门去工作。不到五年的时间，他几乎把这个厂各部门的工作都做过了。

汤姆的朋友对他的举动十分不解，认为他工作已经五年了，却总是做些焊接、刷漆、制造零件这类小事，恐怕会耽误他的前途。但是汤姆却不这样认为，他说："我并不急于成为某一部门的小工头，我是以整个工厂为工作目标的，所以必须花点时间了解整个工艺流程。我做的虽然都是些小事，但是我能够把小事做到极致，这就是我工作中最有价值的地方，这会帮助我实现自己的理想。"

汤姆说得很对，因为他能把每件小事都做好、做到极致，因而他逐渐成了装配线上的权威人物，并且很快就升为领班。在汤姆·布兰德32岁的时候，他成为15位领班的总领班，也成了福特公司最年轻的总领班。在福特公司这个人才济济的“汽车王国”里，这是一件非常了不起的事情。

对于生产一辆汽车来说，制椅垫、焊接等工作可以说都是小事，但正是把这一件件的小事做到极致，才有了一辆辆性能卓越的福特汽车问世。汤姆全力以赴地做好每一件小事，从把小事做到极致的过程中，他积累了足够的经验，而且获得了良好的发展机会，这为他日后做出更大的成就奠定了坚实的基础。

在工作中，如果你能把小事当成大事那样重视，做到极致，那么当你以后真正面对大事的时候，你就会发现再大的困难也能克服，做好大事一点儿也不困难。很多人心浮气躁，恨不得一口吃成个胖子、一夜做出不朽的业绩，这是不可取的。古人常说，欲速则不达。只有先把小事做好，将来才能把大事做好。

“在战争中，大事件都是小事情造成的后果。”这是古罗马恺撒大帝的名言。小事情也要执行到位，否则就会影响到全局，给企业和个人造成严重的影响。一颗小小的钉子决定一个帝国的存亡的故事深刻而耐人寻味，而这样的教训在现实生活中还在陆续地演绎着。

美国哥伦比亚号航天飞机升空 82 秒后爆炸，机上 7 名宇航员全部遇难。调查结果表明，造成这一灾难的原因竟是一块脱落的泡沫击中了飞机左翼前的隔热系统。

这块泡沫材料只有 0.75 公斤，航天飞机这么庞大复杂的工程，别的地方都是精雕细琢的，唯有在填充这些泡沫材料的时候是使用喷枪进行的。这些喷枪喷涂的时候，无法保证泡沫之间不留缝隙，而这些缝隙中存在着大量的氢，航天飞机进入大气层后，氢膨胀溢出，导致泡沫材料疏松剥落击中了隔热瓦，从而导致摄氏1400度的高温气体摧毁了机翼和机体。

应该说，航天飞机整体性能系统等很多技术指标都是一流的。但是，一小块脱落的泡沫就摧毁了价值连城的航天飞机，还有7位无法用价值衡量的生命。在这里，泡沫脱落是一件小事，但是这件小事让人类付出了血的代价。

“差之毫厘，谬以千里。”工作执行不到位，哪怕是一件小事也会带来惨重的后果，牵一发而动全身。在执行中，任何一件小事，都可能会影响大局，或者说必然会影响大局，只是有时候当时不会表现出来而已。

作为企业中的一名员工，每个人的执行力都有可能给企业带来巨大的影响，可能是正面的，也可能是负面的。那些对待小事马马虎虎，不能执行到位的员工，必然会影响企业的发展壮大。而那些能够把小事也做到极致、拥有完美执行力的员工，则能帮助企业实现既定战略，实现团队和个人的共同发展。

其实对于我们个人来说，通过做小事，可以积累经验，磨炼自己的耐力和韧性，锻炼自己处理问题的能力，培养自己完美的执行力。如果我们能把小事都做到极致，那就是为成就大事打好了坚实的基础。所以，即使是小事，也切记执行到位。

◆第十章 执行强调方法，苦干不如巧干

很多人忙起来不分昼夜，却总也不见成效，常常是忙中出乱、忙中见错，不仅浪费了自己的时间与精力，而且消磨了自己的成就感。这是因为没有掌握执行力的有效方法。三分苦干，七分巧干，执行讲求方法，要忙也要能忙到点子上。

1．明确任务，走直线

想要执行有方，一定要明确任务的目标与指令。

如果不明白任务的含义，不明白任务背后的结果要求，那么执行就很难收到应有的效果。执行力决定竞争力，增强执行力，就能提高竞争力，而拥有了完美的执行力，就意味着你在职场上离成功又近了一步。谁都希望提高自己的执行力，因为谁都希望自己忙到点子上，忙出效果来，不愿意自己的付出像蒙上眼睛的毛驴一样，日复一日地围着磨盘转悠着，却因为看不到目标，无法走出磨坊这个“牢笼”。

有一位记者曾去采访美国财务顾问协会的前总裁刘易斯·沃克。见面之后，沃克首先问记者：“你的目标是什么?”这位记者回答：“我希望有一天可以拥有一栋某座山上的漂亮小屋。”沃克不置可否。然后，记者问他一个人不成功的主要因素是什么。沃克回答：“模糊不清的目标。”

“什么样的目标算是模糊不清呢?”记者请沃克做进一步的解释。

沃克说：“刚才你说的那个就是模糊不清的目标。问题就在你所希望的‘有一天’不够明确。有一天可以是明天，也可以是一年以后，还可能是二十年以后，因为目标不够明确，你就不知道应该怎样去具体地实现它，所以成功的机会也就不会大。”

“那怎么样才算是目标明确呢?”记者又问。

沃克告诉他，如果真的希望在山上买一栋小屋，就必须先找到那座山实地考察，咨询一下专业人员那间小屋现在值多少钱，然后考虑通货膨胀等因素，计算出若干年后这栋房子值多少钱。这样才能知道自己为了达到这个目标每个月要存多少钱，并为存钱做好收支计划。

沃克说：“如果你这么做了，你可能在不久的将来就会拥有山上的那栋小屋，这才是明确的目标。但你如果只是空泛地说说，梦想就可能不会实现。梦想总是令人愉快的，但如果只是模糊梦想，而没有明确实现这个梦想所需的时间、金钱等目标，所谓梦想也只不过是妄想罢了。”

记者恍然大悟：“要实现一个目标，应该首先要明确它，而不是只有一个模糊不清的概念，否则执行起来就会盲目不清。”

在工作中，有些人往往不明白老板交给他任务的目的。比如说，老板要求给某公司发一个传真，很多人就跑到传真机那里，发了就完事了。可以说，大部分人就是这么干的，而且往往这样干也没出什么问题。但是，老板下派的真正任务是让你做出发传真这个行为吗？

如果仔细想想就会发现，老板要你做的，其实是保证这份传真到达对方公司，或者是对方公司的某个特定的人手里。因此，发完传真以后，其实我们还有工作要做，我们要确认传真是不是被对方完整地收到了。如果老板指定发给对方的某个人，我们还要向他本人确定一下。确保传真到了应该到达的地方，这才是任务的真正目标。

同时，明确目标会带给你激情的火花，它就像成功的助推器，使你看清自己想要到达什么地方，从而充满活力，也避免了时间精力的浪费。当你把这项任务完成时，你会获得一种愉悦的成就感，从而促使你更好地工作。

比尔是一家宾馆的老板，他以“懒惰”著称，制订了公司的发展规划以后，他就当起了甩手掌柜，他给员工们制定了明确的任务。比如说琳达负责保持餐桌的干净整洁，汤姆负责停车场的保安和秩序等等，凡是能吩咐给手下干的事情，他绝不亲自去做。因此，虽然宾馆的业务非常繁忙，他却整天悠闲自得。

有一年圣诞节前夕，他让宾馆中的员工选出10名最“懒惰”的员工。评选结果出来后，那些当选最“懒惰”员工的人都惴惴不安。然后他通知那10名最“懒惰”的员工到办公室，得知老板的召唤后，这些员工原以为老板会炒掉他们或者是有什么不幸的处罚降临到他们头上。

但是，结果令他们非常吃惊，一进门，比尔对他们说："恭喜各位被评选为本宾馆最优秀的员工。"并站起身亲自给他们每人发了一个红包。看着他们一个个目瞪口呆的疑惑表情，比尔招呼他们坐下，微笑着解释了奖励他们的原因，他们被评选为"懒惰者"的表现是：总是一次就把所有的餐具都放到餐桌上，不会为此来回奔走；习惯于一次就把客人的房间收拾干净，而不会等客人催促第二次；一次就把客人的车停好，讨厌在停车场绕来绕去，这些行为在别人眼里就是在偷懒。

比尔说："但依我看，最优秀的员工全无例外的都是'懒汉'，因为他们明确地知道怎样才能最直接、最省力地把我交代的任务做到位，你们懒得连一个多余的动作都不想去做。那些勤快的员工，有的却是因为忙不到点子上，送一桌餐具都要跑好几趟，这样看着是很勤快，但实际上却是劳动力资源的浪费。"

一个优秀的人，一定是关注结果、明确知道自己任务要达到的目标的人。这样的人，在工作的时候，才能"走直线"，直达目标，把时间和精力用在刀刃上，而不是看着很"勤快"、很"忙碌"但是却徒劳无功，偏离了正常的执行轨道。

因此，要想提高效率，做到工作中执行有方，忙到点子上，就要明确任务的目标与指令，不要被任务的"表面"所迷惑，要看到任务背后真正指向的"结果"。

2. 三分苦干，七分巧干

苦干加巧干，才能打造出完美的执行力。

有一次，美国大思想家爱默生和他的儿子想把一头牛牵回牛棚，可是他们两个人一个在后面推，一个在前面拉，吃奶的力气都用上了还没能让那头倔强的牛迈出一步。父子俩很是无奈。这一幕被一个女佣看见了，她说她可以让这头牛乖乖地听话。只见，她拿出一把青草给这头牛吃，牛一边津津有味地吃着草，一边一步步地跟着女佣往前走。就这样，女佣轻易地把牛牵回了牛棚。

讲这个故事是想告诉大家什么呢？在企业里大家都喜欢埋头苦干的“老黄牛”，毕竟“业精于勤荒于嬉”，勤奋肯干是员工必须要具备的素质，也是通向成功不可或缺的条件之一。但是，做什么事情都是要讲方法技巧的，就像女佣利用青草来引诱牛往前走一样，如果有省时省力效果好的办法可以用，何乐而不为呢？

在执行过程中，要善于找方法，找最能发挥执行力的工作方式，要苦干加巧干，好钢用在刀刃上。巧干，就是要积极开动脑筋想办法，寻找解决问题的捷径，提高工作效率，而不是一味地埋头苦干。

乔·吉拉德有美国“销售之王”的美称，他的影响已经超越了汽车销售行业的范围。有人问乔·吉拉德是卖什么的，他说：“是全世界最好的产品——独一无二的乔·吉拉德。”

可是乔·吉拉德在35岁以前，却是个彻头彻尾的失败者。他曾经做过洗碗工、送货员、电炉装配工等40多个工作，甚至不光彩地当过小偷，开过赌场，可以说事事不如意，处处不顺心。

乔·吉拉德在刚进入推销行业的时候，因为患有严重的口吃，所以连话都说不利索。尽管他一年打出了2000多个电话，平均每周40个，但是却连一件产品都卖不出去，令人沮丧。

为了取得业绩上的突破，他分析了公司的销售图表，发现公司80%的收益是由20%的客户所带来的，这就是我们现在熟知的二八定律。而他却在每一个客户身上都花了相同的时间，也就是说他付出的时间有80%相当于是被浪费掉了。

此后，乔·吉拉德采取了有针对性的苦干加巧干的措施，他把所打的电话都记在卡片上，这样每周有四五十张卡片。接下来，根据卡片的内容安排下次的话题，列出那些潜在的重点客户，并且将自己的精力和时间都集中在最有希望的那20%的客户上。

坚持一段时间后，他的工作效率大大提高了，他的业绩也迅速地好转起来。

就是凭借这样的方法，乔·吉拉德在15年中共销售了13001辆汽车。他连续12年平均每天销售6辆车的纪录，至今无人能够突破。

乔·吉拉德开始的时候不可谓不努力，他患有口吃，还非常勤奋地打电话推销产品，付出了很多劳动却收效甚微。庆幸的是，他及时反思了自己的工作方法，认识到自己工作毫无成果的原因：自己对客户平均用力，结果是对劳动力的极大浪费，是一种蛮干，而不是巧干。本来有80%的客户其实不需要投入那么多的精力，只要20%的精力就可以了，真正能产生效益的那20%的少数客户，才需要花费80%的精力去对待。

经济学中著名的二八定律告诉我们：如果我们将时间和精力花在琐碎的问题上，那么80%的付出，也只能取得20%的成效；但是如果将时间和精力花在重要的问题上，那么你就可能取得80%的回报。

俗话说得好：条条大路通罗马。要完成工作任务方法肯定不止一种，我们在工作中要善于找到那条最省力、效果最好的路，让我们的付出得到应有的回报。许多老板在用人时，都要考察员工解决问题的能力，看一个员工是不是只知道蛮干。只知道蛮干的员工就像那些辛勤的工蚁一样，整日勤勤恳恳任劳任怨，但是由于太过于按部就班，也就无法在人才济济的职场上出人头地。

阿普顿是位出身名门的高才生，他曾经担任过大发明家爱迪生的助手。

有一次，爱迪生让阿普顿测量一个梨形灯泡的容积，他急着要用到这个数据。

阿普顿接过灯泡后，先用标尺测量，但是这个形状很不规则，然后又套用一些复杂的数学公式计算。好几个小时过去了，他还是没有得出结果来，抱着个灯泡在那里着急。

这时候，爱迪生走了过来。他拿起灯泡，往里面注满水，然后递给助手说：“你去把灯泡里的水倒入量杯，就会得出我们所需要的答案。”

此时，阿普顿才恍然大悟：自己先前忙碌的几个小时完全是白费力气，他压根没有忙到点子上。

其实工作中的很多事情，都不需要我们累死累活地蛮干。有时候，只要我们换个角度思考一下，就能得到更简便快捷而且有效的解决方法。工作需要勤奋，但是勤奋的最终目的还是要执行到位，解决问题，如果汗流浃背地干了很久还没有做出成果，那其实是对人力资源的浪费，是对自己和老板的不负责任，是执行力偏低的表现。

要想执行有方，不浪费宝贵的精力和时间，就要求我们养成爱思考、爱创新的工作习惯。因为不一样的工作方法，可能会使工作效率相差很大。只要在工作中注意寻找科学的方式方法，就一定能提高工作效率，不浪费力气，做一个执行有方、游刃有余的员工。

在职场中，能够做出瞩目成绩、站在金字塔顶端的只是少数人，这些人并不是靠幸运女神的眷顾，而是靠自己完美的执行力成为职场这个舞台上的主角的。他们工作勤奋，但不是只知道埋头蛮干的“工蚁”，而是用有限的精力和时间做出最大的效益来；他们执行有方，能够忙到点子上，不会浪费自己的任何资源。如果我们也想像这些成功人士一样，成为令人敬佩的主角，就要提高自己的工作效率，用苦干加巧干，打造完美的执行力。

3. 以变制变，变中求胜

以变制变，变则通，通则久。

希腊哲人赫拉克利特曾经说过："人不可能两次踏进同一条河流。"说的是任何事物都是不断发展变化的，现代社会这种变化更加突出和快速。举例来说，若干年前人们还以拥有一部寻呼机为荣，听到滴滴的呼机声就满世界去找公用电话。然而只过了几年，呼机就退出了历史舞台，代之以更加方便实用的手机。

社会不断发展变化，如果我们总是用老眼光看待新问题，用老方法处理新工作，那么就很难跟上社会的发展步伐。对待工作也是如此，只有以变制变才是制胜之道。变则通，通则久，如果一味因循守旧，迟早会被不断变化的社会所淘汰。

有位老太太经常去社区里的水果店买水果。一天，这位老太太又来到店里，问店主："有李子卖吗？"店主见有生意上门，马上开心地迎上前说："老大娘，买李子啊？您看我这李子个头又大，味道又甜，好吃得很呢！"没想到老太太听了却问："有酸的吗？"店主摇了摇头，结果老太太一言未发就走了。店主很疑惑："以前这位老太太不是很喜欢吃自己卖的甜李子吗？这次怎么不买了呢？”

后来，这位店主无意中听人说，这位老太太的儿媳怀孕了，喜欢吃酸的东西。老太太为了买到酸李子，后来还大老远跑到了水果市场。于是，这位店主专门上网查阅了适合孕妇吃的水果，进了一些放到店里。

第二天，这位店主专门注意着门口，因为老太太每天都要从这里经过几次，看到老太太经过的时候，他马上热情地打招呼：“大娘您好，我这专门进了些新鲜的李子，有甜的也有酸的，您看看吧。”

于是，老太太进来了，他就跟老太太拉起了家常：“听说您要抱孙子了，恭喜啊！”“呵呵，可不是吗？这不，媳妇喜欢吃酸的，那天我跑了老远才买到呢！”老太太说。店主又说：“我后来听说了，有您这样会照顾人的婆婆，可真是您儿媳妇天大的福气啊！不过我觉得您去市场很不方便，就专门进了些适合怀孕的人吃的水果，省得您跑那么远。”“是吗？”老太太很惊讶，“您真是有心人，都有些什么水果呀？”

店主于是开始给老太太介绍起他的水果来：秋梨可以清热降压；柑橘营养丰富，全身是宝，富含维生素、氨基酸、钙磷铁等成分；无花果可以清热解毒、止泻通乳等等。这一说，老太太大感兴趣：“原来还有这么多学问啊！”临走，老太太买了李子，又顺便买了一些猕猴桃回去。

从那以后，老太太一有空就来到这家店里，听店主跟她讲如何照顾孕妇。店主通过网上查询，不厌其烦地给老太太讲解着这类知识。后来，很多人来听这位店主的“讲座”，发展到别的小区的准妈妈、准奶奶们都慕名而来，自然这家小店的生意也异常火爆了起来。

这位小店的店主及时发现了老太太购买目标的变化，并找到了原因：儿媳妇怀孕了，喜欢吃酸的。于是，他适当改变了自己的经营范围，在店里增加了适合孕妇吃的水果，并且还告诉老太太很多照顾孕妇的知识，这引起了老太太的兴趣。通过老太太的宣传，还吸引了很多其他的准妈妈、准奶奶们来店里消费，这就是一个以变制变的小例子。

在很多情况下，人们往往拘泥于自己以前的经验，或者拘泥于固定的视角，没有意识到情况已经发生了变化。这个时候，其实老方法、老思想已经解决不了问题了，或者已经是低效的了。因此，我们要做的就是及时改变，尝试其他的途径，这才是智慧的执行方式。

马戏团里有一只多才多艺的大象，它可以站在一个小小的木桩上表演吹口琴，很受人们的喜爱。每次表演，他总是老老实实地站在木桩上，而拴着它的只是一根很细的铁链。

于是，有人问驯兽师："大象那么大力气，它为什么不挣脱链子跑掉呢?"

驯兽员告诉他，在大象很小的时候，他们就用这条细细的铁链把它拴在木桩上，以小象的力气那时候还挣不断。经过了一次次失败的尝试之后，小象终于认命地放弃了反抗。等到现在它长大了，已经完全有力量挣脱那条铁链了，它却还以为自己无法挣脱，故而连尝试一下的欲望都没有了。

大象的可悲在于它不知变化。小时候，它力气小不能挣脱铁链，但是现在它长大了，已经有力量了，却还是心甘情愿地被拴着。不变的是铁链，变化的是它自身，可惜它完全没有意识到这一点，任由那条细细的铁链夺去自己的自由。可以说，困住大象的不是铁链，而是它自己的不知变通。

以静止的眼光看问题，在哲学上叫作形而上学。我们都知道这是不好的。但在实际工作中，却又会不停地犯这样的错误。这种思维会抑制我们去变通，如果只会一种方法，一条道走到黑，迟早会吃亏。

职场上风景独好，但也充满凶险，要做一个成功的人，就要保持清晰活跃的思维。人们常说以不变应万变，其实唯一不变的就是变，唯有变通才能适应社会的日新月异；唯有变化，才能适应不断加剧的竞争；唯有变化才能适应新情况，解决新问题。

在工作中，要始终保持旺盛的斗志和激情，保持活力；在执行每一项任务时，都不要局限于自己昨天的思维。每一天都是新的，每一件工作都是新的，要牢记以变制变才是制胜之道。唯有这样，才能在职场这条鲜花和荆棘并存的路上，走得更加稳健轻松。

4. 找到核心，一切迎刃而解

无论问题多么复杂，只要找到核心，一切迎刃而解。

农村里养过牛的人都知道，牵牛要牵牛鼻子，为什么呢？远古时代人们驯养野牛的时候，牛的野性很大，靠着一身蛮力和头上的两只角，耍起横来谁都制服不了，人们试过很多方法，绑住蹄子不行，拽住尾巴也不行，最后才发现牛鼻子是它最关键的地方，牵住了牛鼻子，牛就乖乖地向前走。也就是说，抓住关键，就能解决问题。

在工作中也是如此。很多时候一件事情千头万绪，尤其是现在社会分工非常精细，遇到大一点的工程更是纷繁复杂，牵扯很多方面。如何在看似杂乱无章的工作“迷宫”中提高效率，发挥自己的执行力优势呢？这就需要我们善于分清主次，找到关键，牵住牛鼻子。

何远毕业于某名牌大学工程建造专业，并且以优异的成绩进入了当地一家很有名气的房地产开发企业，很快受到了重用，公司派他负责一个小型工地。

工作一段时间以后，他很苦恼：自己每天早起晚睡，甚至通宵加班，有忙不完的工作。大到工程进度的监督，小到工地上一袋水泥的质量问题，都需要他来处理。

何远觉得自己已经非常努力了，但是项目经常会因为某个小问题卡在那里，往往因为一个钉子没送到就延误半天工期。是不是自己的能力不够呢？看到那些负责大项目的同事做得游刃有余，他非常羡慕。为什么别人能做得那么轻松愉快呢？自己累死累活却总有干不完的活呢？他非常不解。

何远后来请教了一位业内的前辈，那位前辈详细地询问了他的工作方法，最后告诉何远，他的方法是行不通的。按照他那种干法，再加一个人也干不好。前辈告诉他，工程的材料供应有专门的检查负责人员，同样，施工进度也有专人负责。这么多工作，作为项目负责人，最重要的是保持各个部门协调运作，不要在任何一个地方卡壳。

举个例子来说：水泥来晚了就耽误做混凝土，没有混凝土就无法开工，后期的管道铺装就无法展开，整个工程进度就会受到影响。而他的工作应该是确保各个环节及时到位，而这些工作，很多时候只要打几个电话，或到现场找到责任人说一声，就可以了。

何远顿时犹如醍醐灌顶，一下子明白了。在以后的工作中，他试着用那位老员工教给他的办法操作，把工作的重点放在协调部门的合作上面；至于那些琐碎的事情都交给相关人员去处理，他则偶尔抽查一下，以保证落实工作。果然，他再也不用焦头烂额地加班了，而且工程的进度、质量等问题也都得到了很好的保证。

任何工作和事物，都有轻重缓急之分，都有主要矛盾和次要矛盾之分，当然这些不是一成不变的，有时候主要也会变成次要。比如说：一个工作计划的制订，前期的市场考察是关键部分，需要花大力气重点关照，但是等计划做好了要付诸行动了，如何把计划不折不扣地执行好才是最关键的。所以说，所谓的关键问题还是要具体情况具体分析。

找到了关键问题，就相当于驯养野牛的时候找到了它的弱点。牛的鼻子怕疼，所以牵住鼻子野牛就变乖了。同样，工作中找到了关键点，我们就把主要精力放在上面，优先动用各种资源解决它。解决了它，次要问题的解决就不在话下了。

因此，当我们面临很多工作，不知如何着手时，或者浪费了大量精力而收效甚微时，我们就应该反思一下执行方法对不对，有没有把工作分出主次。要成功，不仅要靠勤奋肯干，更要学会找到最合适的方法，只有这样才能用有限的时间和精力做出最大的成绩来。

有这样一个故事：

有一位大富翁，生前拥有数不尽的财富，他的地窖里堆满了金银珠宝，庄园里养着成群的牛马，农场里还有成堆的粮食。有一天，富翁病重了，身边只有一个仆人，他知道自己不行了，但是他唯一的儿子还在外地，他担心自己的财产被贪婪的仆人得到。他想了想，写下了一份遗嘱："我所有的遗产之中，儿子只能得到其中的一样，其他的全部留给仆人。"

这位仆人一看，大喜过望，不用自己想办法了，富翁自己就把大部分财产留给他了，可不是吗？富翁的儿子只能选择一样，能选什么呢？不论是庄园还是农产还是房子，都只是富翁财产中很小的一部分。仆人已经想象着自己成为富翁的幸福情景了。

仆人迫不及待地找到了富翁的儿子，洋洋得意地把遗嘱给他看，没想到富翁的儿子看了之后，说："好的，我选择你，你还是做我的仆人吧。"

这位聪明的儿子还是继承了富翁的所有遗产。是呀，虽然一切都是仆人的，但仆人却是富翁儿子的。这就是抓住了主要矛盾，抓住了事情的关键。

我们在工作中，应该学会这种方法，善于抓住主要部分，优先解决关键问题，千万不要眉毛胡子一把抓，让自己陷入纷繁复杂的琐碎事务中，俗话说：“射人先射马，擒贼先擒王。”解决了“主帅”，剩下的虾兵蟹将就不足为惧了。

所以，想要切实地提高工作效率，就要把注意力集中到最重要的工作上面，那些次要的，甚至是无关紧要的事情，完全可以放在自己工作效率不高的时候去做，或者动用少量的资源去处理。如此一来，工作自然会顺风顺水，从而发挥出执行力的最大功效。

5. 合适的人，适合的位置

发觉最适合自己的位置，让付出换取最大的成果。

我们的世界之所以多姿多彩，就在于我们每一个个体都有一定的差异性，都是独一无二的。每个人都有自己擅长的方面，也都有自己的弱势和缺点。因此，有些事情我们做起来很拿手、很轻松，有的事情我们却难以胜任。在工作中，我们要尽量做到扬长避短，找到适合自己的岗位，或者在面对一项任务时用自己最擅长的方式去解决。

举一个简单一点的例子：在非洲大草原上，要猎取一头羚羊，当地人则会用原始的弓箭射击；而西部牛仔则会用他们擅长的猎枪。如果换一下，让当地人用猎枪，那么他们很可能猎不到羚羊反而把自己打伤了。

在职场上，老板往往也会人尽其才，才尽其用。擅长管理的就做管理，擅长财务方面就让他做侧重于金融财务方面的工作。不一样的人做同样的事，采用的方法自然不同，产生的效果也就不同。所以，每一个人都应该尽量找到自己的位置，扬长避短，使工作效益最大化。

某安装工程公司安排了一个任务给项目小组，项目小组是由年纪稍长的老员工老孙任组长，负责按照图纸安排工作，其他几位则都是年轻人。其中，小张比较擅长室外的装修装饰，小王则是个优秀的电工，小刘擅长室内的墙面、地面装饰工作，小孙则没有什么长处，在这个小组里总是做些打杂的事情。

房子是客户刚买的，外墙的装饰已经做好了。因此，他们只要把室内的装修搞好就行了。但是在组长老孙安排工作的时候，却发生一些分歧。老孙认为，既然不需要做室外部分了，小张就应该按照自己的要求做别的工作。因此，他让小张把后期需要的瓷砖、电线、木料等材料跟打杂的小孙一起先搬到室内来。

但是小张认为自己可以跟小刘一样做室内的墙面和地面的装饰工作，最后老孙妥协了，答应让他试试看。

结果，室内的工作跟室外还是有很大不同的，小张也没有跟小刘交流一下就叮叮当当地干了起来，结果他一凿子就把原先埋设的隐蔽线槽给弄坏了。好在这只是个小失误，然而在小刘告诉了他注意事项以后，他还是没有注意到室内的管线设备，又把厨房里一条水管弄破了，弄了一地的水，好在怕水的材料还没有运进来。

此时，老孙再也忍不住了，他狠狠地把小张批评了一顿，并告诉了经理，扣发了小张当月的奖金。

小张明明不擅长室内装修，却非要参与而且也不向同事请教就擅自动手，结果变装修为破坏，给他们整个小组的工作带来了很大的麻烦。这就是很典型的没有意识到自己的长处和短处的做法，自己的长处既然暂时没有发挥的机会，就应该虚心地接受领导的安排，做一些自己能胜任的工作，这才是正确的工作方式。

任何人都不是全才，不可能什么都擅长，什么都懂。在某些领域，有些人可能是专家级的人物，但是在他不擅长的领域里，他应该清醒地明白自己只是一个小学生。所以，我们尽量不要在自己不擅长的领域出风头，那样只会把工作搞砸，让自己处于更尴尬的境地。

一个人最擅长的工作可能不是公司里最风光的职位，但是在你擅长的领域，你可以发挥出自己最大的能力为公司带来最大的效益。这样的话，你仍然是公司的功臣，仍然是团队的英雄。

1632年，列文·虎克出生在荷兰德尔夫特市一个贫穷的家庭。他的父亲很早就去世了，为了帮助母亲养活一家人，他16岁便辍学，到远离家乡的阿姆斯特丹的一家杂货铺里当学徒工。

后来，列文·虎克回到自己的家乡，在市政厅做了一名看门人。看门人的工资很低，但是比较清闲，于是，他开始在空余的时间磨制镜片。他专注于这项工作，技术也越来越好，最后他甚至掌握了连专业技师都无法比拟的镜片打磨技术。

60年的时间，列文·虎克一生中最好的时光，都在枯燥的磨镜片工作中度过。后来，他终于做出了世界上第一台可以放大近200倍的显微镜。

列文·虎克的名字出现在了国家级的学术刊物上，人们得知可以通过他的镜片看见一个神奇的世界！一时间，列文·虎克名声大振，甚至不可一世的俄国彼得大帝和尊贵的英国女王也亲临德尔夫特，那是只读过初中的他从来没有想到的。

列文·虎克毫无疑问地成了第一个看到细菌和第一个绘制细菌图的人，他也成为了英国皇家学会会员。如果没有他，人类也许不会那么快发现微生物世界，也就无法顺利地抵御细菌的侵害……

列文·虎克知道自己擅长打磨镜片，而在其他方面没有任何优势，所以他穷尽一生的精力致力于自己擅长的领域，终于做出了名垂青史的不朽业绩。在与他同时代的人中，其中不乏才华横溢或者学富五车的人物，但是他们都没有像列文·虎克这样做出可以改变人类历史的成就，只有列文·虎克把自己擅长的技能发挥到了极致，从而取得了无可比拟的成就。

企业就像一部汽车，人们就像汽车上的各个部件，只有在适合的位置上才能发挥应有的作用，才能使汽车高速稳定地奔跑。再强有力的发动机，如果安在了排气管上，也只能成为累赘；再不起眼的螺丝钉，如果离开了它的位置，也可能造成车毁人亡的悲剧。因此，我们在工作中需要找准自己的位置，扬长避短，让自己的付出取得最大的成果。

6．工作并非无捷径可走

捷径是能让你快速达成目标正确的新思路、新方法。

唐朝有个叫司马承祯的人，他隐居在都城南边的终南山里，自号“白云道士”，颇受武则天、唐睿宗、唐玄宗等皇帝器重。但是，这个人无心于仕途。唐玄宗自掏腰包给他建了一座很考究的小别墅，让他在里面抄写校正《老子》，他写完后见了玄宗仍然要回去。他是个淡泊名利的人，但是有个叫卢藏用的人求官不成，也用了这个方法。他在终南山隐居以博得名声，然后入朝做了大官。司马承祯讽刺他说：“这真是一条终南捷径啊！”

有时候我们在工作中要完成一项任务，是有捷径可走的。比如，销售人员如果抓住了顾客的心理需求，就可以很快地促成一笔生意，而不需要喋喋不休地唠叨个没完，那样反而容易让人反感。铁路施工人员在遇到山体时，如果地质允许会打一个涵洞，让火车直接通过，而不是绕路。

在现代社会，很多成功人士都积极开动脑筋想办法，通过不同的方式方法提高自己的执行力水平，他们善于寻找某些“捷径”，从而快速有效地解决问题，达到自己预期的目的。

一次，“酒店大王”希尔顿在某地盖一座新酒店时，突然出现了资金困难，工程无法继续下去。他一开始到处找银行贷款，但是没有一家银行理会他，在走投无路的情况下，他突然心生一计，何不向把地皮卖给自己的商人借一点钱呢？于是，他找到那位商人，告诉他自己没钱盖房子了。

地产商心想，你没钱盖房子关我什么事啊？于是漫不经心地说：“那就停工吧，等有钱时再盖好了。”

希尔顿回答：“这我知道。但是，假如我筹不到钱，这酒店就一直盖不下去，这样恐怕受损失的可不止我一个，说不定你的损失比我的还大。”

地产商十分不解，心想：“这跟我有什么关系呢？我又不缺钱。”希尔顿接着说：“你知道，自从我买你的地皮盖酒店以来，周围的地价已经涨了不少。这是因为他们相信这个位置很好，很快就会成为繁华的商业区。但是如果我的房子停工不建，你的这些地皮的价格就会大受影响。万一有人宣传一下，说我这房子不往下盖，是因为地方不好，准备另迁新址，恐怕你的地皮就更不值钱了。”

“那怎么办才好呢？”这位地产商显然已经被打动了。

“很简单，你借钱给我，让我把酒店盖好。我当然要还给你钱，但不是现在给你，而是从营业后的利润中分期返还。你要知道，只要酒店营业了，我就有固定收益了。”

虽然地产商不情愿，但仔细考虑，觉得他说得也在理。何况，他对希尔顿的经营才能还是很佩服的，相信他早晚会还这笔钱，便答应了他的要求。就这样，本来是一件完全不可能做到的事，希尔顿最后还是做到了。

什么是“捷径”？捷径不是投机取巧，捷径也不是打擦边球，捷径更不是罔顾职业道德不择手段。捷径是变换新思路，捷径是寻找新方法，捷径是执行有方，好钢用在刀刃上。在工作中，我们要想用最少的精力办好事情，用一样的精力做更多的工作，就要不断地寻找这种捷径直通车。

走捷径并不是懒惰的表现，而是工作能力的最大优化，人力资源的最高配置，工作效益的最大追求。这正是对工作的高度负责，既然能找到又快又好又省力的办法，干吗不用呢？工作方法是实现职场理想很重要的一个因素，如果过分拘泥于某一种工作方式，不论实际情况如何都不去寻找更好的办法，而是认死理、一条道走到黑，那么我们是很难拥有高效的执行力的。

英国作家毛姆未成名前穷困潦倒，生活状况很差，事业上也很不顺利。他写了一大堆的小说，但是得不到读者的认可，在书市上，他的小说是无人问津的滞销品。

他试了很多传统的方法促销都没有用。为此，出版商跟他都大为苦恼。

后来，经过思考，毛姆决定用一种非常特别的办法改变这一情况。

他在报纸上登了一则启事：本人是百万富翁，喜欢文学，想找一个与毛姆小说里的女主人公一样的人为妻。

广告登出后，那些女人都想看看能打动百万富翁的女主人公是什么样子的，而男人们则想知道是不是自己也要这样的女人，于是他们纷纷去买毛姆的书。

结果，伦敦书店里积压的小说三天内全部脱销，毛姆也一举成名。

毛姆促销的手段虽然有点匪夷所思，但不可否认是一记妙招。不仅迅速打开了滞销的不利局面，而且大大提高了自己的知名度。人们是未见其人先闻其名，未读其书先知其人。可以说，毛姆是一个不折不扣的营销高手，这也使他走上了一条成名的“捷径”。要知道，有多少人勤勤恳恳写了一辈子的书却默默无闻。毛姆是幸运的，他的幸运来自于他为自己找到的“捷径”。

在现实社会中，风险与机遇并存，成功说容易很容易，说困难也很困难，有时候成功触手可及，有时候成功却杳无踪迹。看似很偶然的因素里，其实也是有迹可循的。有人靠勤奋努力成功，有人靠灵活多变成功，方法的力量不容小觑，找到一条捷径的好处并不比埋头苦干逊色，甚至有时候方法比勤奋还重要。在职场这个风云变幻的江湖中，我们要想站得更高，就要善于走捷径。

◆第十一章 高效执行，摆脱拖延症

保证效率，才能保证执行力。很多人披着“工作狂”的外衣，却远没有达到工作狂的效率。这是因为他们之所以成为工作狂，是被“没效率”和“爱拖延”连累的结果。耗时间，不如加快节奏，将节省下来的时间用在更有意义的事情上。时间是自己的，为何要浪费？

1. 职场如江湖，快鱼吃慢鱼

职场瞬息万变，只有快速行动，才不会被更快的鱼吃掉。

《多情剑客无情剑》里曾经提到过一把“快剑”：“严格说来，那实在不能算是一柄剑，那只是一条三尺多长的铁片，既没有剑锋，也没有剑锷，甚至连剑柄都没有，只用两片软木钉在上面，就算是剑柄了。”虬髯大汉含笑接着道，“依我看来，那也只不过是个小孩子的玩具而已。”

这次李寻欢非但没有笑，反而叹了口气，喃喃道：“依我看来，这玩具却危险得很，还是莫要去玩它的好。”

阿飞的这把剑，没什么出奇之处，但就是一个特点：快。快到江湖中的许多高手还来不及施展自己的本事就倒在剑下了。

以前，我们常常会说商场如战场，大鱼吃小鱼。但是现在，我们说得最多的是“快鱼吃慢鱼”。企业再大，如果对市场后知后觉、反应迟钝，依然会被那些反应快的小企业吞并。对于职场中的个人来讲也是如此，今天还是高管，但是如果没有快速的执行能力，那么明天就可能失去饭碗。

陈林大学本科毕业后去了一家房地产公司，做了一名销售部的员工。两年后，公司发展迅速，而他也算得上是老员工了，为此公司任命他做了一个新楼盘的销售部主管。

房地产行业有“金九银十”的说法。每年的9月、10月是售楼的黄金时期，公司非常看重这个机会，在8月份就让陈林做好计划，希望他带领整个团队，做出不俗的业绩。

但是，陈林接受这个任务后，没有立即着手去做。他想：“现在整个地产界都不景气，我急着做出销售方案恐怕也没什么用，还是先等上一段时间，看看其他楼盘的做法再说吧。”有了这样的想法后，陈林的工作就慢了下来，没有理会公司要他迅速做好销售方案并立即动手去做的要求。

当陈林还在慢悠悠地观望时，公司的竞争对手们可没有像他一样老牛拉破车似的工作，而是展开了各种各样的销售方式：有的在当地各大媒体做起了广告；有的给出了让人心动的价格调整；有的免费接送潜在的顾客参观楼盘……总之，当别人都在风风火火地做事时，陈林却“这里的黎明静悄悄”。

当其他楼盘都迎来了销售火爆的季节时，陈林才开始准备动手大干一场，可惜这时不管他做怎样的努力，都已经回天无力了。他负责的楼盘销售情况惨不忍睹，他也因执行不力而接到了公司的解聘书。

陈林作为一名主管，他并没有领悟到执行要快，给公司带来了损失，也为自己的职业生涯蒙上了一层阴影。工作不是游山玩水，职场人员也不是魏晋名士，可以随性而为，想怎么干就怎么干。兴致上来了，哪怕有十万火急的事情也要停下来饮酒赏花，这样的执行速度是靠不住的。

如今的社会环境，不论职场还是市场，信息流通都非常快，资讯通过各种方式传播，电话、互联网让这个大世界变成了一个小小的地球村。上午的新消息，到了下午可能就已经过时了，公司制订的战略规划如果不能快速有效地执行，稍微拖延，可能就已经成为不合时宜的产物。

很多时候，快那么一点点就足够了。就像短跑运动一样，哪怕只差了 0.01 秒，那也是天壤之别，快者成为令人瞩目的焦点，而慢者则只能黯淡离场。

加拿大通过了将枫叶旗定为国旗的决议。仅仅在议会通过的第三天，日本生产的枫叶小国旗和玩具就出现在加拿大市场，销售异常火爆，而加拿大的厂商却坐失良机。他们不得不感叹：日本人，下手真快！

在职场上也是如此，职场如同江湖，看似风平浪静，实则暗流涌动，凶险匿于其中，高手如快剑，以快制胜。在这个快鱼吃慢鱼的时代，我们必须打造快速有效的执行力，强化时间概念，牢固树立效率意识，领导交代的事情要立即行动，要把职场当战场，把工作当战斗，快速的执行力就是我们占领制高点的“超级武器”。

“一万年太久，只争朝夕。”《孙子兵法·军争篇》中说：疾如风、侵如火，才是制胜之道。让我们在工作中放弃拖沓懒散的作风，做一条拥有完美执行力的“快鱼”吧。

2. 目的明确，就是要结果

忙，就要忙出成效。

无论什么行业，也无论在什么岗位上，人们的工作其实有一个相同点，那就是追求某种“结果”。老板办企业是为了获得利润，发展产业；管理人员上传下达，贯彻执行公司的战略意图，是为了团队有效顺利地发挥作用；基层员工接到任务兢兢业业，是为了达到上级要求的结果，同时实现自己的价值。老板、管理人员、基层员工都在“忙”，尽管忙的内容不一样，目标也不一样，但都是奔着“结果”去的，没有结果的忙等同于无用功。

任何老板都希望自己的员工给自己带来理想的结果。对于员工个人来说，工作其实就是一个不断解决问题、取得结果的过程，成功之门必将为那些能取得预期结果的人敞开。如果在工作中，花费了大量的时间精力，却效率低下，收效甚微，到头来只是转了一大圈，却没有取得预定的结果，那么这种工作就是失败的。

在20世纪70年代的时候，韩国三星还只是一家为日本三洋公司做贴牌生产业务的加工厂，主要产品是利润微薄的廉价黑白电视机。到了20世纪90年代，尽管三星公司凭借自己在全球半导体芯片行业里的突出成绩，无论在产量还是企业规模上都获得了长足发展，但是在很多欧美国家的顾客眼中，三星仍是一家只会模仿别人技术、生产低端产品的不入流公司。

当年，索尼的笔记本电脑因为设计精巧而在市场上畅销，而三星开发笔记本电脑要比索尼晚得多。在笔记本电脑领域，为了与索尼公司经典的VAIO系列产品一较高下，三星高层要求研发人员要按照比索尼公司同类产品薄至少一厘米的高标准来努力。

“薄至少一厘米”，这在当时看来几乎是一个不可能完成的任务。

当时，主攻技术创新的陈大济，带领研发团队接手了这项艰巨的任务。研发人员勇于承担责任，并没有因为这项任务看似不可能完成而放弃努力。因为他们知道，如果实现不了比索尼产品“薄至少一厘米”的目标，三星笔记本电脑就超不过索尼。三星的研发人员经过8次反反复复的实验与提高，终于实现了目标，达到了预期的结果。

全球最大的计算机公司戴尔看到三星的产品后非常欣赏，他们马上派人采购，三星一下子得到了160亿美元的采购合同，成为高端笔记本生产的巨头之一。

如今，三星已经在众多的数码产品领域掌握了一系列尖端技术，例如 CDMA 手机、液晶显示器、超薄笔记本电脑等。三星公司在美国国家专利局申请产品专利的数量排名，也攀升到了第六位，已遥遥领先于索尼、三菱和日立等日本著名公司。正是三星公司的每一名员工对公司的责任感，才让三星不断发展壮大。

在工作中，一个具有完美执行力的员工，在结果心态的驱动下，会竭尽全力，利用各种方法取得预期的结果。这样的员工是有目的的“忙”，不会像无头苍蝇一样四处乱撞，白白浪费时间和精力。因此，当我们接到一项任务时，首先要做的就是确认需要达到的结果。这样就能有效地提升效率。不仅如此，当你以结果为目标后，执行的步骤也会更加清晰。

有一位叫罗伯特·克里斯托弗的美国人，26 岁时想用 80 美元来周游世界，他坚信自己只要按照这个目标一步步地去做，就能实现。于是，他做了一些准备：

首先，他领取到了一份可以上船当海员的文件；然后他去警署领取了无犯罪记录证明；又取得 YMCA（美国青年会）的会籍；还考取了一个国际驾驶执照，并找来一套世界地图；与一家大公司签订合同，为之提供所经国家和地区的土壤样品；同一家航空公司签订协议，可免费搭机，但要拍摄照片为公司做宣传。

于是，罗伯特开始了自己的旅行。他用给厨师拍照换取免费的午餐，用一箱香烟换取船长让他搭船的机会，用同样的方法坐了免费列车，等等。

最终，通过为达到目标而进行的一步步行动，罗伯实现了他用 80 美元周游世界的梦想。

罗伯特非常清楚地知道自己要达到的结果是周游世界，而且是尽量不用花一毛钱。所以，他所有的工作都是为着这个结果进行的，花最少的钱或者不花钱搭车、搭船、搭飞机，最终怀揣着80美元来了一次完美的环球旅行。

有些人三更起五更眠，似乎每天都有忙不完的事情要做，他们为了完成任务而拼命加班，焦头烂额，结果却往往不尽如人意。如果能够以结果为导向，就可以极大地避免这些情况的发生。工作指向结果，让忙碌不再混乱不清，让你的忙碌更具条理性，这样工作的效率自然不会太低。

3．从根源着手，一次就解决

一次性把问题解决，不要寄希望于下一次。

歌德在他的《叙事谣曲》中曾讲过这样一个故事。

耶稣带着他的门徒彼得出门远游，途中发现路上有一块破烂的马蹄铁。耶稣让彼得把它捡起来。彼得懒得弯腰，就假装没听见，没有去捡。耶稣没有再说什么，就自己捡起了那个马蹄铁，用它从铁匠那里换来了

3 文钱，然后又用这 3 文钱买了 18 颗樱桃。

两人继续前行，后来经过一片茫茫的沙漠。这可把彼得渴死了，于是耶稣就故意让口袋中的樱桃掉出一颗，彼得见状，赶紧弯腰捡起来吃掉。

耶稣边走边丢，彼得就跟在耶稣后面捡，这样他也就狼狈地弯了 18 次腰。耶稣对彼得说："如果当初你弯一次腰，就不会有后来一次又一次地弯腰了。"

在我们的工作中，如果我们第一次就把工作做好，那么在后来的工作中就可以避免不必要的操劳，从而使我们的工作节省更多的时间和精力，提高工作效率。所以，执行过程中我们要学着将问题一次解决，不要总是想着还有下一次。

从前有个小村庄，村里非常缺水，一到下雨的时候，人们就利用各种盆盆罐罐接雨水，否则，就要走很远的路去挑水。

为了解决水源问题，村里的人决定修建一个蓄水池，然后雇人送水，省着村子里每一家都要为用水发愁，盖伊和艾伦自告奋勇地承担了这个工作。

盖伊立刻挑起水桶干了起来，他每日奔波于远处的河流和村庄之间，打水运回村子，然后倒在蓄水池中供村民们使用。他起早贪黑地干着，累得半死，不过，好歹村民们的吃水问题能解决了，盖伊也得到了村民们给的报酬，因此，他对自己的这份工作还是非常满意的。

艾伦自从跟盖伊一样接下这个工作之后就神秘地消失了，整整一个星期，人们都没有看见他的人影儿。大家都觉得艾伦是不是偷懒躲起来了，可是这样他也挣不到钱呀。盖伊则暗地里很开心，少了艾伦这个身强力壮的竞争对手，自己算是“垄断”这个工作了，尽管每天挑水很累，但是能挣到钱总是好的。

那么艾伦到底干什么去了呢？原来，他跑到了几十里外的山里砍竹子去了，竹子砍倒以后，他把它们都打通。一周以后，他拉着一大车打通的竹子回到了村里，请了一位做水车的师傅，在湖边架起一座高高的水车，然后用打通的竹子做管道，就这样建起了一个“自来水”输送系统。清水哗哗地沿着管道通进了水池中，这个干旱的村子彻底告别了缺水的日子。

不仅如此，艾伦还把这些竹子管道接到了其他缺水的村庄，现在他一个人同时为三个村庄送水，赚的钱远远比挑水的盖伊多了，而且他的工作可以说是轻松得多，每天只要按时检查一下水车是否在正常工作和管道有没有漏水就行了。由于艾伦一个人就包揽了输水的工作，盖伊也就失业了。

在工作中，你扮演的是“盖伊”还是“艾伦”？你是每天都累得筋疲力尽，还是发觉问题的根源之后，将问题一次性解决？

很显然，就工作效率而言，一次性解决问题是最好的，这为我们和企业都节省下大量的时间和精力。做好一件工作之后，可以没有后顾之忧地进行下面的工作，不再纠结于同一个问题。身心都会因此而放松许多。有些人可能还没有发现自己在工作中存在这样的弊端，苦干和巧干，这二者大有不同。

田兴和李为民两人都是刚刚毕业于某名牌大学的学生，他们进入了同一家公司工作。

两个人都是从基层开始做起，都想做出点成绩，不过两个人还是有些不同的。田兴的工作按部就班，从不多动脑子，只是一味地埋头苦干，每天除了工作就是工作，起早贪黑，好像总有忙不完的事，周末还常常自动留下来加班，但遗憾的是工作业绩平平。比如说，领导要一份报表，为了一个次品率，他就要跑三次车间，用半天工夫，最后得出的结果还只能说是“接近”而不是“准确”。

李为民则不同，他的想法和做事的方式从不墨守成规。他总是喜欢“偷懒”，能一次干完的事情绝不用两次，别人两小时完成的任务，他就要想办法争取一个小时完成，用他自己的话说，他做事习惯“ONE TAKE”，从来都是一次解决，不喜欢寄希望于下一次。就这样，领导交给他的任务，他每次都能干净利落地完成。

一年后，李为民被委以重任，成为公司里的骨干人员，而田兴只获得象征性的加薪。

“老黄牛”式的员工就是好员工吗？不，现代企业认为，勤奋固然重要，但是没有效率的勤奋与懒惰毫无差异。所以，工作要讲求方式方法，而不是一味地埋头苦干。动动脑筋，将工作巧妙地完成，一次性解决。第一次就做对，不要寄希望下一次，这样才能提高工作效率和获得机遇。

4. 知道“时间去哪儿了”

对你的时间好一点，让每一分钟都有意义。

时间是最奇妙的东西，它掌控一切，却又踪迹全无，人们只能感受它却不能接近它，它没有弹性，无可替代。它能使枯草变绿焕发蓬勃生机，又可使鲜花凋零，留下无尽遗憾。它可以赋予一个人整个世界，又可以在一瞬间把它全部夺走。时间是让人又爱又怕的窈窕淑女，她温情脉脉的时候可以让你沐浴幸福，她翻脸无情的时候可以让你的人生只有生离死别。

时间就像一把双刃剑，只要我们用好了，它就是我们的忠实伙伴，为我们披荆斩棘，扫清成功路上的障碍。所以，我们要做一个能掌控时间，提高效率的“智者”，做一个效率专家。

金钱可以被储蓄，知识可以被累积，但时间却不能被保留。时间的钟摆绝不停息，对于一个人来说时间更是非常有限的。一天是短暂的，它只有 24 小时，只有 1440 分钟，只有 86400 秒。这当中，还要除去睡眠休息和吃饭的时间，因此，我们从事学习或者工作的时间并不是那么的富余，浪费一分钟，它就少一分钟，浪费一秒钟，它就少一秒钟。

鲁迅先生曾经说过：时间就是生命，无端地空耗别人的时间，其实无异于谋财害命。对我们来讲，浪费自己的时间那就等于自杀。因此，我们不能浪费每一分钟，我们要在有限的时间里做出更多的成绩。生命的长度我们虽然无法改变，但是提高效率却可以拓展它的宽度。

在美国近代企业界里，与人接洽生意时，能以最少时间产生最大效率的人，非金融巨子摩根莫属。

摩根是一个真正的效率专家，他每天上午9点30分准时进入办公室上班，下午5点回家，严格按照工作时间表工作和休息。除了与特别重要的客户进行商业会谈外，他与人谈话绝不超过5分钟，因为这一点，很多人说摩根只是一部赚钱的机器，有点儿不近人情。但是，摩根的高效工作无疑产生了很大的效益，有人对摩根的资产进行了计算后认为，他每分钟的收入是20美元。

通常，如果人们走进他们公司的那间大办公室，是很容易见到他的，因为摩根不会一个人待在房间里，而是与许多员工一起在一间很大的办公室里工作。这样摩根就能够随时指挥他手下的员工，他的员工也能够用最快的速度执行他的计划，省去了上传下达的时间和麻烦。

摩根还有一项才能，他能够轻易地判断出一个人的真实意图，不会给人时间来拐弯抹角地长篇大论。那种啰哩啰唆的说话方式是不被欢迎的，他会一针见血地指出对方的核心意思，一点都不掩饰，这种卓越的判断力也使摩根节省了许多宝贵的时间。

如果，某些人只是单纯地想找个人来聊天，而本来没有什么重要事情，却浪费了别人的时间，摩根是非常痛恨的，对这种人，他会毫不留情地赶出去。

正是因为摩根的高效，他把他的团队打造成了一个非常有战斗力的集体。

时间既不能停止，也不能保存，它永远都是短缺的。因此，每一个成功者都非常珍惜自己的时间，非常在意自己的工作效率，时间永远不能倒流，要想赢得成功的资本，就必须好好把握每一分钟，好好利用每一分钟，让每一分钟都过得有价值、有意义。

在我们的工作中，我们之所以不够重视一分钟，就是觉得它实在有些无足轻重，一分钟能产生什么效率呢？我们习惯了每小时做多少事情，习惯了每天做多少事情，却很少想自己一分钟能够做多少事情。其实，只要在工作中有意识地把一分钟当作我们的时间单位，就能够引起我们的警觉，从而提高效率了。

我国著名的数学家华罗庚说："时间是由分秒积成的，善于利用零星时间的人，才会做出更大的成绩来。"因此，我们不要小看一分钟，每一分钟都是宝贵的，不可回溯不可复制的，浪费时间是生命中最大的错误，优秀员工之所以成绩突出，就是因为他们能有效地利用每一分钟，珍惜每一分钟，他们使得每一分钟都能直接或者间接产生效益。

有个卖吸尘器的销售员自创了"一分钟工作方法"，每次他见到客户的时候，他只要求客户给他一分钟的时间，在这一分钟里，他一边介绍自己产品的优点，一边动手为客户演示，一分钟结束，他自动停止自己的话题，这时候往往恰好能够为客户打扫干净不大的客厅。

然后他彬彬有礼地道别，感谢对方给予他宝贵的一分钟的时间。这些工作，其他销售人员往往需要七八分钟的时间，不仅效率低下，时间一长客户还容易反感。而他总是充分地利用一分钟的时间，结果，他的业绩是公司里最棒的。

无独有偶，李民是国内某公司的一位业务经理，他也很善于利用时间，工作效率很高。比如在等红绿灯时，他会拿出客户的资料卡熟悉一下，或者拆开信件浏览，不重要的直接处理掉，或在出差时利用在火车上的时间给客户写信、拟传真。这样一来，他就不用拿出专门的时间来处理这些事情了。

《增广贤文》里有句话："一寸光阴一寸金，寸金难买寸光阴。"这么宝贵的时间如果我们不知道珍惜，不能够善加利用，那就太可惜了。我们要向一分钟要效率，向一分钟要成绩。

任何人都应当学会有效地利用时间，在有限的时间内高效地完成工作。放弃时间的人，时间也同样会放弃他。一个人如何利用自己的时间，决定了他们的人生是成功还是失败。假如我们不重视一分钟，让心脏停止跳动一分钟，恐怕那绝对不是很舒服的经历。

明天的幸福就孕育在我们今天点点滴滴的时间中，如果我们能够非常合理地利用时间，把时间消耗降到最低限度，成为一分钟效率专家，那么我们就能够纵横职场，做出卓越成绩。因此，在工作中，我们应该珍惜每一分钟，提高工作效率，这样我们就能早一分钟取得成功。

5．一秒，结果千差万别

在你犹豫的瞬间，事情可能已经向着不同的方向发展。

解决问题一定要快，很多事情的处理需要争分夺秒，快刀斩乱麻，容不得半点拖延。其实执行中的任何“慢一点”，往往会使结果出现十万八千里的差别。

德国有一家电视台高额悬赏征集“十秒钟惊险镜头”，许多新闻工作者对此趋之若骛，征集活动一时成为人们关注的焦点。在诸多参赛作品中，一个关于扳道工的故事短片以绝对优势夺得了冠军。

几个星期以后，获奖作品在电视的强档栏目中播出，冠军短片播出的那天晚上，大部分人都坐在电视前边观看了这组镜头，对于这个作品，人们最初只是好奇地期待着。但是10秒钟之后，每一个人的眼睛里都饱含着泪水，甚至可以毫不夸张地说，德国在那10秒钟的镜头之后足足肃静了10分钟。

镜头是这样的：在一个火车站，一个扳道工正走向自己的岗位，准备去为一列正在驶来的火车扳动道岔，这时在铁轨的另一头，还有一列火车从相对的方向驶进车站。假如他不及时扳岔，两列火车必定相撞，会造成重大事故。

就在这时，他无意中回过头一看，却发现自己的儿子正在铁轨的一端玩耍，而那列开始进站的火车就行驶在这条铁轨上。是抢救儿子，还是扳动道轨避免一场灾难？他可以选择的时间太短太短了，甚至，哪怕他再迟疑一秒钟，就既救不了儿子也挽不回事故了。

那一刻，他毫不犹疑地、语气非常威严地朝儿子喊了声："卧倒！"同时，迅速冲过去扳动了道岔。

就这一眨眼的工夫，这列火车进入了预定的轨道，同时，另一条铁轨上的那列火车也呼啸而过。车上的旅客丝毫不知道，他们曾经命悬一线，他们也丝毫不知道，一个小生命正卧倒在铁轨中间——火车轰鸣着驶过，这段时间对于扳道工来说却显得无比漫长，但是，孩子却丝毫未伤，因为他迅速且忠实地执行了父亲的命令，老老实实地卧倒在那里。这一幕刚好被一个从此经过的年轻记者摄入镜头中。

人们看了短片之后纷纷猜测，那个扳道工一定是一个非常优秀的人。后来，通过记者的采访，人们才知道，那个扳道工只是一个普普通通的人，他唯一的优点就是忠于职守，在工作的时候从来没有拖延过一秒钟。但最让人吃惊的不是这个，更让人意想不到的是，他的儿子竟然是一个弱智儿童。

他曾一遍一遍地告诉儿子说："你长大后能干的工作太少了，你必须得有一样是出色的。"儿子听不懂父亲的话，依然傻乎乎的，但在生命攸关的那一秒钟，他却立刻执行了父亲的命令"卧倒"了——这就是他在跟父亲玩打仗游戏时，唯一听得懂，并做得出的动作。

这位父亲，如果当时拖延一秒钟扳动道岔，就会造成无法挽回的悲剧，但是他没有失职，所以火车上的乘客安然无恙，浑然不觉已经在鬼门关打了一个转。如果，扳道工的弱智儿子拖延了哪怕一秒钟执行他父亲的命令，那么扳道工也会痛苦终生。但是，这对父子在极度危险的时候，都表现了可贵的执行力：没有拖延，从而避免了悲剧的发生。

很多时候，拖延带来的后果要比我们所能想象出的更加严重。一秒钟就可能酿成一个悲剧。所以，不是我们不能拖延，而是情况不允许我们拖延。当我们在决策时，快速果断无拖延是第一要求，这样可能带来最佳的结果。

贝尔纳是一位法国剧作家，当地一家报纸曾经刊登过一个有趣的有奖问答，获奖者将有丰厚的奖品回报，问题是："如果法国最大的博物馆卢浮宫失火了，当时只允许抢救出一幅画，你会抢救哪一幅?"

据说，这家报纸收到了数以万计的答案，人们回答出自己的选择，有的甚至写出几万字的论文，来论证自己的做法是正确的。有的阐明为什么自己会选凡·高的《向日葵》而不是《岩间圣母》，或者为什么抢救达·芬奇的《蒙娜丽莎》而不是米勒的《晚钟》。众人相持不下，谁也不服谁。贝尔纳的回答是：他会选择离出口最近的那幅抢救。

结果，贝尔纳得到了奖品。

很显然，离出口最近的就是能够最快抢救到的，也是最容易成功的。如果去找别的画，拖延了时间，等你找到那幅美丽的《蒙娜丽莎》的时候，恐怕已经看不到她神秘的微笑了，你面对的只能是一副烧焦的面容。

商场瞬息万变，可能就在犹豫的一瞬间，最好的时机已经与你擦肩而过。所以，良好的执行力要求你干脆果断，杜绝犹豫不决。如此，你才能最先抓住制胜的时机。即使在努力过后成效并不显著，也好过万全准备之后因为犹豫而遗失机会。抓住先机，才有更多的可能，才不会轻易后悔。

6．人都有惰性，你要学着克服

人都有惰性，你克服一些，就比他人更成功一些。

惰性是上帝写在人类基因里的黑暗符号，每个人都或多或少地存在惰性。确实，如果没有外界或者自制力的约束，人们往往是能坐着就不愿意站着，能躺着就不愿意坐着，能懒惰就懒惰，能拖延就拖延的。

但是，人不是仅仅依靠本能存在于这个世界上的，我们还有宝贵的主观能动性和自制力。只要我们愿意，只要我们努力，我们完全可以战胜惰性，做自己的主人。在工作中，我们应该用迅速有效的执行力来克服自己的惰性，把工作中可能出现的不利问题及时消灭在萌芽状态，以获得工作的最佳效果。

有些小问题，可能会酿成大问题，或者使我们的工作结果出现瑕疵，我们如果不能克服自己的惰性，往往就会在这些问题刚刚露出苗头的时候掉以轻心，不能及时把它们消灭掉。等到它们发展到我们不得不重视的程度，就需要浪费更多的时间和精力去处理了，恐怕效果还不见得理想。如果我们在工作中做到迅速行动，就能够将可能出现的问题消灭在萌芽状态。

马克是一位火车后厢的刹车员，他平时的工作还算是按部就班，没出现过什么大的失误。这份工作他已经干了十几年，因此难免会有松懈的时候。不过，突发情况并不常见，而且他还有一位助理刹车员，平时有什么工作他都安排他的助理去干，所以马克的日子过得还算滋润。

一个寒冬的晚上，马克还是像往常一样，在车厢里一边无聊地喝着小酒取暖，一边抱怨着这可恶的天气。因为就在前一晚，一场暴风雪不期而至，搞得很多火车晚点了。马克所在的火车就已经晚点十几个小时了，这场暴风雪使他不得不在寒冷的冬夜里加班。这种情况在这个季节里每个月都会遇到几次。

就在马克考虑用什么样的借口才能向列车长请假从而逃掉夜间的加班时，另一个车厢里的列车长和工程师对这场暴风雪显得非常担忧。因为这很容易造成行车隐患，他们非常警惕地跟路况观察员和其他列车联系着，以确保行车安全。

这时，他们这列火车发动机的汽缸盖被大风吹掉了，他们不得不临时停车抢修，而两个车站间的同一条线路上，还有另外一辆快速车在他们后面行驶着。根据列车长的通报，这辆列车几分钟后要从同一条铁轨上驶过。于是，列车长赶紧跑过来命令马克拿着红灯到后面去。指示后面的快车停下来，以免发生事故。

马克心想，反正后车厢还有一名工程师和助理刹车员在那儿守着，便笑着对列车长说："不用那么急，后面有人在守着呢！等我拿件棉大衣穿上就过去。"列车长一脸严肃地说："一秒钟也不能等，那列火车马上就要来了。"

"好吧！"马克微笑着说，"放心好了，我马上就去。"列车长听完他的答复后，匆匆忙忙地向前部的发动机房跑去了。

马克虽然口头答应了，但是他没有立即就去。他认为，后车厢有一位工程师和一名助理刹车员在那替他扛着这件工作，自己又何必冒着严寒，那么快跑到后车厢去呢？他觉得这纯粹是小题大做，没有必要的事情，后面那辆车连影子都没有呢，晚一分钟过去又不会死人。于是，他仍然坐下来喝了几口酒，又慢条斯理地穿上大衣，这才吹着口哨，慢悠悠地向后车厢走去。

他一直走到最后一节车厢，才发现工程师和那位助理刹车员根本不在里面，他的冷汗一下子冒了出来，拔腿就向车尾跑去。但是，一切都晚了，他眼睁睁地看着后面那辆快车的车头，撞了过来。

马克的惰性，使他耽误了宝贵的几分钟时间，本来只要他能马上按照列车长的命令打出信号，就可以把这场灾难消灭在萌芽状态，事故就完全能够避免。但是，他的惰性害了他，他的拖延害了他，就是因为慢了这么几分钟，他不仅搭上了自己的性命，还酿成了一场巨大的事故。

很多小问题，往往看上去不起眼，也许你觉得不必浪费精力去解决它们。但是，在工作中不能及时把问题的苗头消灭，就是一种严重的失职，是一种执行不力的表现。这样的员工，严格来讲，就是不合格的员工。

惰性是我们心灵上滋长的毒瘤，它使我们在工作中麻痹大意，对于一些可能出现的问题后知后觉，或者视而不见充耳不闻，不能及时有效地采取措施，及时把问题消灭在萌芽状态，从而给我们的工作带来损害。

所以，在工作中，我们对待自己一定要高标准严要求，克服惰性，一定要在执行过程中做到速度第一，及时把任何可能出现的问题消灭在萌芽状态，用迅速有效的执行力这把“快刀”在职场中披荆斩棘，取得胜利。

◆第十二章 告别独行侠时代，打造执行力团队

每个人都有缺点，但是，当这些人聚集在一起工作时，却能够创造奇迹。这就是团队的魅力，它能够让原本的不完美，通过配合达到超越完美的境界。每个人的执行力都会有短板，但只要方法得当，就可以打造出高效的执行力团队。

1. 自己来，不如一起来

独行侠的时代已经过去，强强联合才是新的主题。

团结就是力量，这句话我们从小听到大，从山村角落听到繁华都市，耳熟能详。但是，我们在工作中，真的完全发挥团队的力量了吗？我们的工作有没有停留在“独行侠”的“个人英雄主义”时代呢？

现代社会是一个大家庭，世界也成了一个“地球村”，人与人之间的联系越来越密切，人们的工作越来越需要协调合作，人人都成了一部巨大机器上的某个部件，在帮助别人的同时也需要别人提供帮助，这已经

不是一个单打独斗的时代了。

2005年深秋，酒泉卫星发射中心里，中国首位进入太空的航天员杨利伟为41岁的聂海胜和40岁的费俊龙出征送行。“他们会比我飞得更好。”目送两人飞向太空，杨利伟感慨地对记者说。

航天员从整体上讲差异不大，因为都是从空军飞行员中选来的，背景和经历都差不多，有很多共性。当然，每个人都有自己的特点。

费俊龙比较活泼，他是航校教员出身，曾是空军特级飞行员，在处理事情时协调能力很强。聂海胜“神五”时就是梯队成员，他性格稳重，平时话不多，但做事踏实，有很好的配合精神，一旦认为是正确的决定就会无条件服从。

因为“神五”只有一名“乘客”，不存在分工和配合问题，但“神六”的飞行则由两人小组完成，所以小组组合要考虑他们的合作问题。飞船上两个人的工作是有分工的，需要默契配合。同时，两个人训练成绩上也要能够互补，并且愿意同对方一起执行任务，费俊龙和聂海胜不约而同地把对方当作了首选。

为了更好地完成任务，聂海胜和费俊龙尽量多地在一起生活、训练。性格、脾气、爱好，对事物的判断、反应、表情，双方都有了解，从表情上就可以知道对方的意思。

在这次飞行中，费俊龙和聂海胜分别担任指挥长和操作手。在升空过程中，指挥长根据自己面前的一张操作程序表，指挥操作手用手中的操作棒进行操作。因为穿着航天服，两名航天员能通过话筒与地面指挥控制人员直接对话，但两名航天员之间虽近在咫尺却不能直接对话，每一个操作只能用手势交流，因此两名航天员之间的配合默契至关重要。

这次太空飞行，两人配合得非常好，技术操作的可靠性和相互支持性都大大提高了，他们做到了“操作零失误”。可以说，这个小团队取得了一加一大于二的效果。

众人拾柴火焰高，每一个人都不是万能的全才，因为性格、学识、阅历等各方面的限制，人们很难完全独立完成一项工作，特别是一些大的项目，人们只有互相帮助配合才能取得成功，单打独斗是行不通的。

一部好看的电影，除了耀眼的主角，还有默默无闻的配角，除了赫赫有名的导演，还有名不见经传的制作人员。但是，他们都为这部影片的诞生贡献了自己的力量。再有名的导演、再大牌的明星也不能一个人完成一部电影，这就是个人的局限性，这就是团队的力量。

我们经常说的一句话是一个好汉三个帮，一个篱笆三个桩。一个人再怎么了得，他的力量终归是有限的，就连“超人”都是有弱点的。企业要想发展壮大，个人要想进步提高，都需要借助团队的力量，都需要别人的帮助支持。

相信很多人对四年一度的世界杯足球盛宴毫不陌生,对于很多球迷来说，我们不仅希望看到自己喜欢的球星驰骋在绿茵场上为球队建功，更希望看到整个团队淋漓畅快的配合。那些行云流水般的进攻，那些如臂指使的默契配合，带给我们一场场视觉享受。

对于打进四强的球队来说，球星的作用纵然不可忽视，但整体的团队力量更是不可或缺。足球场上经常出现“意外”，可在这意外之外，似乎也有着某种必然。

世界杯中，只有依靠良好的战术纪律和团队精神取胜的球队才能笑到最后。

个人英雄吉格斯是个略带悲剧色彩的球员，由于他是在英格兰完成自己的义务教育学业，因此根据条例他完全有资格代表英格兰队征战世界杯。但才华横溢的他始终不肯加入英格兰队，而威尔士羸弱的实力又不能让他站在世界杯的舞台上，于是一次次的缺席让世界无缘领略左边路之王的风采。团队整体实力的不济，使他英雄无用武之地。

对于一个企业来说也是如此，单靠团队中某个才华横溢的员工是不行的，个人的力量终究有限，只有团队的力量才是决定企业发展的因素。个人与团队中的其他同事应该优势互补，强强联合，这样才能发挥出每一个人的优势，使团队发挥出最大的战斗力。同时，个人有了团队的支持会更加如鱼得水，在这个平台上发挥出更大的价值，为整个企业的发展做出更大的贡献。

在职场上，作为一名员工，应该努力为团队贡献自己的力量，同时也应借助同事的帮助，来更好地完成工作，努力创造一个良好的工作氛围。不要“凡事自己来”，羞于向同事求助，耻于借助他人的力量。要知道，团结协作不是什么丑事，独行侠千里不留行的做法听起来充满豪气，实际上却是一种悲哀。单打独斗终究难以适应这个社会，独木不成林，只有依靠大家的力量，才能茁壮成长，更好地拥抱蓝天。

2. 融入团队：强者处下，柔者处上

强大者常居于下位，柔弱者适时居上，如此团队更加融洽。

我们知道，大雁每年都要进行长途跋涉，北雁南飞一般都采用V字型或者一字型，这种飞行方式可以使雁群节省能量，更快更轻松地飞行。不仅如此，雁群还是一个非常完美的团队：它们内部有明确的分工，领头雁负责带队，因为它的体力消耗太大，所以会经常跟其他大雁交换位置；放哨雁在大家休息或者觅食的时候，不食不眠负责警戒安全工作；青壮的大雁则会照顾老幼。科学研究表明，大雁组队飞行的速度要比单独飞行高出22%。

一个和谐的团队，必然如雁群一样有着一个共同的奋斗目标，并且分工明确、责任明确。每个人都有条不紊地进行自己的工作，每个人都要帮助他人，也可以得到他人的帮助，这样可以扬长避短，使团队力量整体得到优化，从而获得更大的战斗力，这样才能更好更快地实现团队的目标。

个人的力量是有限的，只有团队力量才是巨大的。一个有着高效执行力的团队整体战斗力是十分强大的。一个优秀的员工，不会只依靠自己的力量，一个人傻干、蛮干，而是会聪明地融入团队，让更多的人帮助

自己成功，这是一种高超的职场智慧，也是提升个人执行力的必然要求。

苹果公司创始人史蒂夫·乔布斯22岁就开始创业，从白手起家，赤手空拳打天下，到拥有2亿多美元的财富，他仅仅用了4年时间。不能不说，乔布斯是一个有创业天赋的人。他年少有为，没有失败过，也因此养成了唯我独尊的习惯。

1983年，面对IBM咄咄逼人的攻势，苹果公司的市场份额迅速缩水，乔布斯认为公司缺乏一个真正有实力的深谙管理和营销的领导者。他力排众议，相中了时任百事公司首席执行官且根本不懂计算机的斯高利，当时乔布斯对斯高利说的一句话，改变了后者的命运："你想一辈子卖糖水，还是想改变世界?"

但是斯高利来了，乔布斯却被赶走了。为什么呢?

原来乔布斯总是独来独往，瞧不起手下的员工，像一个国王一样高高在上，根本没意识到团队的重要性。他常常会做出一些违背商业规律的决策，并利用其神化了的地位大力推行，导致一次次市场的失利，却不允许有任何反对的声音存在。

他手下的员工都像躲避瘟疫一样躲避他，很多员工甚至不敢和他同乘一部电梯，因为他们害怕还没有出电梯之前就被史蒂夫炒鱿鱼了。就连他亲自聘请来的斯高利都公然宣称："苹果公司如果有史蒂夫在，我就无法执行任务。"

在1985年8月的董事会上，斯高利公开了对乔布斯的不满，且有理有据。董事会必须在他们之间做出取舍，他们倾向于斯高利，尤其是那位幕后铁腕人物马库拉。最终他们选择了善于团结员工的斯高利，而乔布斯则被解除了全部的领导权，只保留董事长一职。后来，乔布斯甚至直接辞职，彻底跟苹果说拜拜了。

乔布斯的个人至上主义严重地伤害了他人的感情，破坏了团队精神，因为不能融入团队而吃尽了苦头，不过后来他终于明白了这些，改正了自己的缺点，在他一手创建的苹果公司危难之际，又临危受命，回到了公司力挽狂澜。

乔布斯由于其成功的经历，使得他对自己有些盲目自信，把自己当成整个团队的救世主，游离于这个战斗集体之外，当团队其他成员与他在工作上不能达成一致意见、产生分歧的时候，他不是想着去沟通，而是粗暴地制止，因此导致团队内部出现了分裂，团队涣散。这种状况一直持续了很久，在他之后的五位首席执行官都对他遗留下来的这种独特的“企业文化”持尖锐的批评态度。他的技术人员也受到影响，不肯执行企业战略开放标准，最终导致苹果成为一种艺术品而不是工业品，完美的操作系统被微软取代，巨大的市场份额被 IBM 等巨头蚕食。

个人目标和团队目标并不冲突，一个人只有从团队的角度出发考虑问题，才能获得团队与个人的双赢。在工作中，如果我们能够把个人目标和团队目标融合在一起，把个人融入团队，那么这个团队就是战无不胜的。如果我们选择了特立独行，就成了这个团队的不稳定因素，相当于自己队伍里的定时炸弹，这样的人随时会给团队带来不可预料的损失，一个优秀的团队是不允许有这种人存在的。

美国曾经有一位明星棒球队员叫罗德基思，他是职棒大联盟西雅图水手队的球员，由于表现抢眼，一度成为许多球队哄抢的对象。

正因为如此，罗德基思也开出了许多匪夷所思的条件。比如，他要求两千多万美元的年薪；在训练场他要拥有自己专属的棚子；要有供他自由使用的私人飞机等等。

最后，原本对罗德基思势在必得的纽约大都会队决定放弃。其实，以纽约大都会队的财力来说，是完全能够满足罗德基思的条件的，但是他们仍然放弃了。他们认为，年薪问题倒是其次，但是其他特殊待遇是绝对不能被允许的。如果答应了罗德基思的条件，也就等同于默许罗德基思独立于球队之外，这对整个球队是非常不利的。

胜利需要的是一支 25 个球员密切配合、团结一致的团队，而不是 24 个球员加 1 个特殊球员的偶像派组合。

如果我们在工作中不懂得融入团队，不仅会影响团队的工作，也不利于自己的成长。一个人就像一滴水，很容易被干旱征服，一滴水只有把自己融入大海这个团队之中才能够拥有长久的生命力，才能够抵御风险、战胜困难。因此，在工作中，只有把自己的理想融入团队的奋斗目标，才能更快、更好地实现人生价值。

3. 团队配合包容个人短板

即使每个人都有短板，也能组合成优质团队。

曾经有一个问题，说《西游记》里唐僧师徒四人组成的取经团队，有谁可以裁掉？有人说要裁掉唐僧，因为他是团队里唯一不会飞的，不仅走得慢，而且老给团队制造麻烦，不是今天被妖精抓走炖汤，就是明天被美女招亲；也有人说要裁掉孙悟空，这个猴子个性太强，野性难改，与取经的团队文化格格不入；还有人要裁猪八戒，因为他好吃懒做，一心想回高老庄；也有说要裁沙僧的，说他非常像吃闲饭的，关键时候根本指望不上；最后还有人盯上了唐僧的宝马——小白龙，说配车严重超标，最多给唐僧开个奥拓好了。

很明显，这个团队谁都不能裁，如果能裁，吴承恩老先生就不会费劲把他们都写上了。为什么呢？在这个取经的团队里，唐僧是一个领导者，他给大家制定战略目标，没有他就根本不存在取经的任务，而且最后是要他交接经书的，所以他是不能裁的；孙悟空是个业务骨干，降妖除魔全靠他，能力出众，没有他，众人恐怕早变成妖怪锅里的菜肴了。所以，他也不能裁。

那么，整天嚷着要散伙的猪八戒要不要裁呢？他饭量那么大，伙食费严重超标。当然也不能裁掉。猪八戒是团队中的润滑剂，可以调和某些矛盾，尽管他喜欢抱怨，但他对任务还是毫不含糊的，该拼命的时候一样操起大铁耙就上。沙僧就更不能裁了。每个团队都需要踏踏实实干活的人，这种任劳任怨挑担子的员工，任何团队都会嫌少不会嫌多。那么，我们看看多余的编制，白龙马能不能裁？也不能！没了宝马，唐僧谁来背？换头毛驴，也堕了大唐圣僧的威名。因此，这个团队，虽然每个人都有缺点，但是却一个都不能少，缺了谁都难以顺利完成取经任务。

这就是团队的力量。每一个个体都有很严重的缺陷，但是团结在一起就是一个强有力的团队，就是一个战则能胜的团队，就是一个一步一个胜利的团队。在他们身上，我们看到的绝对是 1+1>2 的完美执行力。

上海迪斯尼主题公园在 2011 年底动工，预计最早在 2014 年开放。建成后，它将成为中国第二个、亚洲第三个、世界第六个迪斯尼主题公园。

迪斯尼公司是一家名副其实的娱乐王国，它牵扯的产业行业众多，包括电影、电视、玩具、消费品、书籍等等。

迪斯尼动画与其他企业不同，它是创意工业的基地。这里融合了从导演到摄影、绘画、剪辑等工作不同却又相互联系的团队成员，所以加强团结和沟通、顺利实现工作目标显得非常重要。

一部优秀的动画片，是这样诞生的：首先，一个良好的创意被领导层讨论通过后，董事会的副主席和经理就会召集动画片制作的总裁开会，在这个会议上把公司各个部门的意见汇总讨论，从而确定最佳方案。

方案确定之后，开始召集另一些人员，这些人员包括导演、艺术指导、幕后指挥等等许多一线工作人员，这个会议则是具体讨论动画片的制作和构想，直到拿出一个一致意见。

在这个过程中，领导不会端起架子，摆出高高在上的姿态，而员工也不会为了迎合领导而放弃自己的真实想法，每个人都畅所欲言，真正做到集思广益，因为他们明白，自己是团队的一员，需要团结一心地向着一个共同目标努力。

在迪斯尼公司，没有哪个人或者哪个部门可以对一部动画影片宣称拥有所有权，因为依靠独立的部门是完不成的，大家来自不同的部门，在合作中形成相互支持和帮助的协同工作方式。

另外，制片人还会根据不同工作人员的性格特点来组建一个团队，因为性格互补也有利于团队的合作。

迪斯尼公司出产的动画片和很多产品都是团队成员团结合作的结果，他们给全世界人民带来了欢乐。

在现代社会，企业要想在市场中占据一定的优势地位，拥有良好的竞争力，打造一个优秀的团队是必不可少的，甚至可以说，优秀的团队能够成就一个企业的辉煌，而一个一盘散沙的团队必将断送企业的前程。每一个员工在工作中都应该跟其他同事优势互补、取长补短、团结协作，从而形成合力，使整个团队以强大的动力向着公司的战略目标前进，实现个人和企业共同发展的良性循环。

在非洲的草原上，如果你看到羚羊在奔逃，那一定是狮子来了；如果你见到狮子在奔逃，那就是象群发怒了；如果你见到象群在逃命，那一定是蚂蚁来了！单个的蚂蚁虽然渺小得很，但是当它们团结起来作为一个集体的时候，它们的力量让整个象群都害怕。职场跟动物世界的某些地方很像，一个优秀的团队可以发挥出不可想象的战斗力，可以创造出令人难以置信的奇迹。

“圆舞曲之王”约翰·施特劳斯，曾经应美国当地有关团体之邀，在波士顿指挥一个拥有两万人参加演出的音乐会。

一个指挥家一次指挥几百人的乐队，就是一件很不容易的事了，何况是两万人！很多人觉得他不可能做到。

到了演出那天，音乐厅里坐满了期待的观众，人们既想欣赏优美的表演，又想看看施特劳斯到底是怎么指挥如此庞大的乐团的。

演出开始，人们发现了这个秘密，原来施特劳斯下面有100名助理指挥，他们紧跟着施特劳斯的指挥棒，这个团队的配合就像一个人，结果表演非常成功。

古人云：“人心齐，泰山移。”在职场上，团结发展的时代已然到来。只有团结，才能使我们走得更远，飞得更高。

4. 懂得分享，获取更多

懂得分享的人，才能赢得更广阔的天空。

上帝带着一个人去看地狱是什么样子的。他去了一看，地狱里的人围着一个大圆桌，桌上摆着丰盛的食物，但围在桌子旁边的人却一个个愁眉苦脸，一副面黄肌瘦、饥饿难耐的样子。原来每个人手里的勺柄都很长，尽管勺里装满美味的食物，却无法送到自己嘴里。“太可怕了！”这个人说，“我们还是去天堂看看吧。”

没想到，到了天堂，那里的人也是同样地围在摆满食物的圆桌前，手里同样拿着勺柄很长的勺子，但他们却个个欢声笑语，脸上洋溢着幸福的笑容。原来，他们都用自己手上的勺子喂对面的人。因此，每个人都吃得饱饱的。

懂得分享才能实现共赢。现代社会，做任何事都需要跟别人打交道。从这个角度来说，社会是个关系社会，处理不好关系问题，很多事情将寸步难行。如果总是喜欢以自我为中心，凡事都首先为自己考虑，不懂得分享，就很难得到别人的认可，很难获得同事们的友谊。这样的人，做起事来就步履维艰。如果懂得分享，必然会大受欢迎，赢得良好的人际关系，做起事情来也就顺利很多。

霍世昌是香港圣安娜饼店的创始人之一，为什么是之一呢？就是因为他把这个前途无量的创业计划分享给了另外两个人。

霍世昌创业时只是一个22岁的毛头小伙子，那个时候正在电灯公司做一些有关技术维修方面的工作，他的工作其实跟西饼没有任何关系。但是，这个时候他谈了一个女朋友，这位女朋友上得厅堂进得厨房，喜欢弄些点心、蛋糕之类的食品，霍世昌非常喜欢吃。

一般人吃了也就吃了，但是霍世昌吃完以后还有了一点想法。他想，自己的女朋友只是跟着师傅学习了几天，就做出了这么好吃的东西，那她师傅做出来的岂不是会更受欢迎吗？因此便萌生开饼店的念头。

于是，霍世昌就找到了这位师傅，跟他说了自己想开饼店的想法。虽然当时西饼业在香港并未呈现出蓬勃势头，但是两个人英雄所见略同，都觉得这是一个“阳光产业”。于是，他们决定开店。但是，当时霍世昌和那位师傅都没有钱，那位师傅有技术，霍世昌有想法，看来还得找一位有钱的，才能把店开起来。

于是，霍世昌做了一份包含预算、地点、资金、经营方针等详细内容的可行性计划书，然后找一位朋友商量，跟他分享了这个很值得憧憬的创意。他的朋友看过后，很高兴霍世昌给他送来了一个这么好的赚钱点子。于是，很爽快地接受了计划书，他们三个便成为合伙人。

后来，他们每年增设一家分店，香港回归之后，霍记饼店的生意更是越来越红火了。

如今，当人们问道他是如何发家的时候，他总是笑着回答：“我是靠借钱开饼店，靠朋友发财的。”

他山之石，可以攻玉。借助朋友的力量，也是一条获取成功的捷径。然而，如果霍世昌是一个不懂得分享的人，那么他空有这个前景美妙的创意，却一没技术，二没资金，是无法把想法转化为行动的，再美好的创意也就只能是望梅止渴。但是霍世昌懂得分享，把这个创意分享给懂技术的师傅，分享给有资金的朋友，就这样，实现了自己的理想，三个人都得到了好处，实现了共赢，皆大欢喜。

懂得分享才能赢得良好的人际关系，分享有很多方面，分享的可以是看得见的物质利益，可以是精神方面的荣誉，还可以是思维上的一个创意，甚至是一段个人的经历，这些分享也许对我们来说不算什么，但是对对方可能非常重要，一次不经意的分享，可以为你迎来一份友谊或者一次援手。不论是在生活中还是在工作中，有时候别人一次小小的帮助就可以转动我们命运的车轮，使我们的难题迎刃而解。

人们曾经为世界上哪种植物最结实、最挺拔而争论不休。直到有一天，有人提出了美洲的红杉，争论的声音终于平息下来。红杉的高度一般为 90 米，相当于 30 层楼。

木秀于林，风必摧之。一般来说，越是高大的植物，要想站得更稳，它的根系就必须扎得更深，但是红杉并非如此，它的根很浅，在人们的想象中，只要一阵大风，它就会倒下。

但是，拥有如此高大的树身和极不相称深度的根系的红杉树却无惧风雨，巍然屹立。它们到底是如何做到的呢？

原来，红杉树不是单独生长的，它们只要长，就是一大片，一棵接着一棵，一行连着一行，它们紧紧依靠着，根系彼此纠结在一起。因此，即使是很猛烈的狂风，也无法撼动成千上万棵根部紧密相连的红杉树。

每一棵树的树根力量并不大，但是它们都分享给了其他树，同时也分享了其他树的根系。如此一来，每一次狂风到来，它们都是以一个整体在对抗，这是一股无法战胜的力量，红杉树是自然界孕育的奇迹。

如果我们也能够学会分享，像红杉树一样把自己的力量分给别人，同时也借助于别人的力量，让自己的根更坚固，我们就能够抵御各种风险，解决各种困难，还能依靠团队的力量，长成参天大树。

懂得分享是一种聪明的生存之道，也是一种处世哲学，叔本华说："单个的人是软弱无力的，只有同别人在一起，他才能完成许多事业。"如何才能让别人同你一起前进，或者在自己需要帮助的时候施以援手呢？那就要学会分享。

分享是团队团结和信任的纽带，只有与他人共享信息和资源，分享荣誉和机会，才能与他人在团结互助的氛围下实现共赢。多个篱笆多个桩，多个朋友多个帮。现代社会，单个人打拼力量太小，只有懂得分享的人才更容易得到周围同事和朋友的帮助，才能借助众人的力量走向成功。

5．想办法，别让自己岌岌可危

别成为团队中最差的，否则，你的位置将很快被人取代。

如果你是一位老板，现在公司财政困难，需要裁员，那么你会裁掉谁？我想，任何老板都会裁掉那些“不中用”的人，那些吃闲饭的人。

在管理学中有一个著名的“木桶理论”，以前的水桶都是用一块块木板箍起来的，决定木桶盛水量多少的不是最长的那块木板，而是最短的那块木板。

这个道理非常简单，对于一只木桶来说，其中的某一块木板或者几块木板再高都没有用，水一漫过了最短的那块木板就会溢出。在一个公司里，肯定也有这样的“短板”员工存在，这样的员工拖了公司的后腿，制约了公司的发展，其饭碗也是岌岌可危的。因此，要想在职场上有进一步的发展，就不要成为团队里那个最差的人，不然，团队“轻装”的时候，一定会最先丢下你。

松下幸之助有日本的“经营之神”之称，他年轻时曾经在一家电器商店当学徒，学徒是不需要什么技术的，他们的工作就是干些杂活。

当时，一同进入这家店里帮工的还有另外两个学徒。开始时，三个人的薪水都很低，薪水少了人们自然就动力不足，因此另外两个学徒不再像刚开始时那样勤快上进了，而是工作日渐马虎，消极应付起来。

松下幸之助跟其他两人一样，以前从来没有做过电器方面的工作，对电器是个门外汉，看什么都觉得新奇，但是看什么都不懂。面对着那么多的电子产品，他感到了自己的无知，也感觉到了危机。

为了提高自己，他开始学习电器知识，时间不够用，就每天比别人晚下班，用这段客人很少的时间阅读各种电子产品的说明书，他还报名参加了电器修理培训班，他希望自己能成为一个有技术、懂知识的电器行家。

他花了大量的时间来学习电器知识，通过不断的努力，他终于从一个对电器一窍不通的学徒，变成了一个专家。当顾客来购买电器的时候，他侃侃而谈，为顾客讲解。有时候他还自己动手修理那些坏掉的电器，或者利用那些坏电器的材料重新设计组装。

这一手让店主非常惊奇，也对他大为赞赏，不久便聘请他做了正式员工，提高了他的薪水待遇，并且将店里的很多事情都放心地交给他处理，这为松下开创自己的事业打下了坚实的基础。

而他的两个同事该休息休息，该下班下班，毫无上进心，最终被这家商店解雇了。

在一个企业中，许许多多的员工和部门共同构成了企业这个木桶，如果因为某个人的能力不足，或者执行力不强，或者人际关系问题，导致团队不和睦，影响了企业的整体发展，抵消了其他人的付出和努力，那么这块短板，就该拿掉了。

对于一家企业来讲，也许自己的团队已经存在很长时间了，团队里从领导到下属感情非常深厚，即使有些员工不能完全胜任自己的工作，老板也不忍心辞退他，因为他还要养家糊口。这样的情况确实存在，但是这对公司的长远发展绝对是不利的，只有保证一个高效、公平的团队，企业才能发展壮大。企业最终经营不善破产，才是对整个团队最大的伤害。

杰克·韦尔奇说："我不怎么懂造飞机发动机，也不懂得电视行业，但是我知道怎样选拔合适的人到合适的岗位。"

GE(通用电器公司) 以几乎令人不可想象的速度持续成长了几十年，创造了企业发展史上的奇迹。全世界的企业家都在探索 GE 成功的秘密，学习 GE 前首席执行官杰克·韦尔奇的管理方法。杰克·韦尔奇成为了全世界企业界追捧的对象。

韦尔奇极力提倡在组织中对员工绩效进行坚决的区分，主张和坚持实行末位淘汰制。每年，韦尔奇要求领导们必须区分出哪些人是最好的 20% (A 类)，哪些人是中间的 70% (B 类)，哪些人属于最差的 10% (C 类)，要求提出这些人的姓名、职位和薪酬待遇，表现最差的员工通常要被淘汰。

新上任的经理第一次确定最差的员工，没什么太大的麻烦。但事情越来越困难，到最后，"简直就成了一场战争。"他们认为，那些明显最差的员工已经离开了这个团队，就不愿把其他人放到C类里去。

他们已经喜欢上了团队里的每一个人，和每一个人都有了感情。到第三年，假如说他们团队有30人的话，对于底部的10%，他们经常左思右想，哪一个都不忍心下手，连一个都确定不出来，更别说三个了。

有些人认为，把员工中底部的10%清除出去是残酷或者野蛮的行径。韦尔奇却不这样认为，他说："事情并非如此。恰恰相反。让一个人待在一个他不能成长和进步的环境里才是真正的野蛮行径或者'假慈悲'。先让一个人等着，什么也不说，直到最后出事，实在不行了，不得不说了，这时候才告诉人家：你走吧，这地方不适合你。而此时，他的工作选择机会已经很有限了，而且还要供养孩子上学，还要支付大额的住房贷款。这才是真正的残酷。"

短板本身并非一定有害，只不过短板会制约企业的发展，因为个体的落后而影响了整体的实力，其他木板都在加长，短板的负面作用就会更加明显，企业要往前走，迟早是要丢掉这个包袱的。

人无远虑，必有近忧。在职场中行走，我们一定不能安于现状，甘于平庸，今天公司还蒸蒸日上，你还过着衣食无忧的日子，明天就可能风云突变，陷入危机。这时候，公司要发展就不得不精简人员，只留下那些能力出众，能给团队带来明天的员工，而平庸无奇的人就要被淘汰了。我们要防止这样的悲剧发生在自己的身上，就要不断提高自己，只有每个团队成员都不断得到提高，才能使木桶盛的水越来越多，个人的职业生涯才能有所发展。

◆第十三章　跳出思维里的墙，执行需要创造力

在这个求新、求变的时代，机械、死板的执行力已经不足以应付竞争激烈的职场，执行力也需要创作力的佐助。一方面，在原有工作方式的基础上，结合随时变化的新情况，发觉更有效、更灵活的处理方法；另一方面，遇到问题时，能够另辟蹊径，以意想不到的方式突破僵局。这样有创造力地工作，你的执行力才会变得更加高效。

1．不敢想，怎敢做

遇事不要先想“不可能”，要想怎么把它变为“可能”。

老板都希望自己的员工是敢想敢干充满闯劲的一群人。然而，不少员工却怀着谨慎小心、安于现状的心态，害怕承担责任和失误，不敢相信自己能有所成就，结果一辈子庸庸碌碌。其实，很多看似不可能的事情并非一定不可能，只要敢想，积极地去思考，没有什么事情是不能实现的。

在工作中，一定不要坚信有什么事情是你不能做的，只要你相信自

己可以就一定可以。困难是每个人在做每件事的时候一定会遇到的东西，并会一直相伴。很多人遇到挫折的时候就认定自己过不去那个坎儿，甚至都不尝试着努力看看，他们总是说“我一定不行”、“他都不行，我当然更不行了”，第一件事就彻底把自己否定了。事实是不是真的这样呢？包拯说世界上没有破不了的案子，当然也没有解决不了的困难，冷静下来，认真地将问题解开来分析一下，解决的办法马上就会出来。

有一个公司现场招聘员工，面试的人很多，公司主管当场给面试者出了一道题：把梳子卖给和尚，以一周为期，卖得多者将被录用。试题一出立即就有很多人大呼不可能，甚至有人当场骂公司，认为他们在耍人，然而这其中也有三位敢想敢做的面试者，他们带着梳子去了寺庙。

一周以后，三个人一起来到公司，主管问第一个面试者卖了多少梳子，他说：“1把。”然后一把鼻涕一把泪地讲了自己卖梳子的经过：寺院里的和尚一听说是去卖梳子的，二话不说拿起棍子就把他打了一顿并且赶出了寺庙，浑身是伤的面试者委屈地坐在庙外，这时候有个脏兮兮的小和尚一边挠头一边走过来，面试者趁机卖了一把梳子给小和尚挠痒痒。

第二个面试者卖了10把梳子：他去的是一个名山古寺，游客很多，但是风也很大，很多游客的头发被风吹乱了，这时候面试者找到住持，说可以把梳子给游客，成功卖掉了10把梳子。

主管问第三个面试者卖了多少把梳子，回答：“1000把！”主管大吃一惊，问他怎么卖的？第三个面试者说他到的也是一个久负盛名的宝刹，朝拜者络绎不绝，他找到住持说：“香客都是带着一颗虔诚的心，宝刹应该有所回赠，住持可以在梳子上写上‘积善梳’，回赠给香客。”主持听后大喜，立刻买了1000把梳子。

就这样，第三个面试者成功被录用。

有头脑的员工是每个公司都想要的。带着思想工作的人能够在绝望中看到希望，如果摆在他面前的是一幅被毁坏的画轴，他依然能云淡风轻地在画中加入自己的东西，完成一方绝美的景。成功者绝对会等到时机成熟、万无一失时再开始工作，只有那些在既定的环境中能从“不可能”中看到希望，并把事情做到极致的人，才有可能获得成功。

1921年6月2日，《纽约时报》为纪念电报诞生25周年，发表了一篇评论透露了这样一个信息：现在人们每年接收的信息是25年前的25倍。

在很多读者眼里，这只是一条信息而已，一句很普通的话，很多人看过之后便忘记了。但是，还有一些喜欢思考的人抓住了话中隐藏的极具商业价值的信息，美国至少有16个人对这条信息做出了反应，他们准备创办一份文摘性刊物，他们先后到银行存了500美元，并且办好了营业执照。

但是，当他们到邮政部门办理相关手续的时候被告知，由于即将举行的中期选举，文摘性刊物暂时不能办理，而且不知道什么时候能开禁。听到这样的话，15个人立刻递交了暂缓执行的申请，但是有一个人根本不理会邮政说的那些话，他按照计划租了一间地下室，和未婚妻一起糊了2000个信封，并装上征订单寄了出去，然后，《读者文摘》诞生了。

统计显示，到20世纪末，《读者文摘》拥有19种文字和48个版本，畅销127个国家和地区，年收入5亿美元，并且在美国期刊排行榜上稳坐第一，创造这个奇迹的人，名字叫德威特·华莱士。他用实际行动把“不可能”变成了“可能”。

如果员工在工作中都能像华莱士一样换一种角度去看问题，而不是一味消极地去想事情，能够看到事情好的一面，那么不但能提高公司的效益，对自己而言也是很有意义的思维转变。如果华莱士也像其他人一样认为事情是不可能的，那么我们今天真的就不可能看到著名的《读者文摘》了，他本人也不可能成为著名的企业家。

敢于思考、向困难挑战的员工，在这个人才短缺的市场，始终供不应求。敢想才能激发活力。也许有人会说：“说起来容易做起来难。”但是成功和冒险是并存的，只有那些把“不可能”变成“可能”的有魄力的人才能实现自己的真正价值。很多成功人士并不一定比你会做，只是他们有敢想敢干的冲劲。

2. 换个视角，换种方式

打破思维定势，发现与众不同的新世界。

很多员工都有从小到大形成的某种思维模式，它或根据自己的体验得出，或从课本上学到，或是别人的经验，总之，很多人都在这样的处世方法中生活。但是，世界在一天一天地变化着，我们应该突破思维定式，不要做经验的奴隶。

在工作中经常能遇到意想不到的事情，这时候一定要打破常规的思考方式，找到解决问题最简单、最有效的方式。也许很多人都知道突破思维定式的重要意义，但是就是没有胆量去改变，似乎改变就意味着对以前的否定，事实上，改变过去并不是否定过去，而是使自己更加完善。换了一家餐馆吃饭不仅同样能让你吃饱，还能让人尝试更多新鲜的食物。长期的循规蹈矩会使人思想僵化，就像一部生了锈的机器，无法继续向前，而跨出那一步，就是为生命增加新的血液。

皮尔·卡丹是著名的服装品牌，然而谁能想到皮尔·卡丹创始人年轻的时候一贫如洗，甚至自己都没有一件像样的时装呢？

在进军巴黎“世界时装之都”前，皮尔·卡丹只是一个小小的学徒，但是他醉心于时装，在当学徒的时候不仅认真做好自己的本职工作，并且虚心向前辈请教，从不满足于现状。他喜欢把学到的知识融进自己对时装的热爱里，年轻人的大胆、对未来的冲劲使他在脑子里迸发出一系列创新的点子，他不断翻新自己服装的花样，很快就小有名气，甚至一些达官贵人家的太太、小姐指名让这个年轻的学徒给她们做衣服。

创建自己独立公司的时候，皮尔·卡丹才 28 岁，在竞争激烈的时装之都，皮尔·卡丹的公司简直可以算是富豪区的贫民窟，除了满脑子的创意思想，皮尔·卡丹几乎一无所有。然而，他天生就是一个喜欢挑战的人，越是不可能的任务越是要做，而且还要做好，他从来不相信有别人能做而自己做不到的事情。皮尔·卡丹大胆的设计风格、独特而价格适中的女性服装，很快就有了一个很大的市场。之后皮尔·卡丹的目光又指向了男性服装，并且也取得了斐然的成绩。

现在，“皮尔·卡丹”已经是享誉世界的国际大品牌。

从皮尔·卡丹的示例中我们可以看出，一个人的成功并不决定于你的资产是不是足够丰厚，而在于是否会变通，是否墨守成规。如果一个公司的人都是用同样的思考方式去思考问题，那么碰到一个新问题的时候，要让谁去解决？只有一个善于打破常规的人，才能在职场上具有长久的竞争力。

科学家把一只苍蝇和一只蜜蜂分别放进两个透明的玻璃杯中，再将玻璃杯倒扣在桌面上，留出足够飞出的地方。通过观察，科学家发现：蜜蜂会一直迎着太阳的地方飞，于是一直撞在杯底上，而总是横冲直撞的苍蝇却误打误撞地从杯口飞了出去。很多人就像蜜蜂一样，按照固定的思维方式一通瞎撞，最后头破血流，其实头破血流不可怕，可怕的是有些人撞死了都不知道自己是怎么死的！

同样一个问题摆在人们面前，很可能得出的处理方案是大同小异的，这是为什么呢？因为人们大多用相似的思维方式去思考问题。我们周围的世界，同样表情不同面孔的人太多了，他们每天过着千篇一律的生活，或许其中的很多人想要改变，但还是按照原有的思考方式去思索自己如何改变，这样只是在原地踏步，他们做了经验的奴隶，仍然无法冲破自己固有的思维模式。而那些突破思维定式的人，一定是那些敢于创新、标新立异的人，或许他们在短时间内会让身边的人觉得无法接受，但是时间会证明一切，世界也会因他们而改变。

有一家生产牙膏的公司，业绩长期停滞不前，总经理很苦恼，却想不到解决的办法，所以决定召开员工会议，让大家一起商量解决的办法。

开会的时候总经理让大家积极发言，说出各自的想法，但是仍然没有找到行之有效的办法。这时候，一个年轻的主管站起来发言，他的第一句话就让总经理大吃一惊："我有办法，但是您必须另外多加我10万元。"

总经理问："为什么？我按时给你工资，让你出主意为什么要另外给你钱?"

年轻的主管说："如果这个主意不行您当然不用给我，但是如果这个建议可行，您就得另外给我钱!"

"你先说说看!"

"将现有的牙膏开口扩大1毫米!"

总经理听完以后立刻开了一张10万元的支票给他。

在生活中人们总是习惯了牙膏的长度，将开口扩大1毫米，对已经成为习惯的人们来说不是什么大事，但是对一个公司来说却能使销量大增。

都说职场如战场，职场上的变通对于每个员工来说都是非常重要的。当今社会讲求的是创新，一个能够打破常规的员工不仅能在工作中实现自己的价值，给公司带来效益，更能挖掘出自己的潜能，激发出斗志和工作积极性，出色地完成自己的任务，让自己在职场中立于不败之地。

3. 创意，生命力的来源

一个绝妙的创意，能拯救一个濒死的企业。

在公司中最受欢迎的永远是那些能够提出新思想、有创新能力的员工。创新是一个企业的灵魂，也是一个员工取得核心竞争地位的重要因素，运用创新思维，才能打造人生奇迹，实现人生价值。

我们总是很羡慕一些发明家、科学家，然而却没有想到谁也不是天生的发明家，很多新科技的发现往往并不是专业人士研究出来的，而是源于一些普通人的突发奇想。我们都是发明家，因为我们都有一个不断创新的头脑。一些人之所以能成功，并不单单因为他比普通人拥有更多的知识，还因为他懂得创新并抓住了创新的机会，他们敢打破常规，从新的角度去思考问题，追求突破，追求新意。

法国著名的化妆品公司——香奈儿公司开始是一个名不见经传的小品牌，没有什么名气，但是有一天，一位员工找到老板并向她提出了一个看似很荒唐的建议。所以，人们在报纸上看到一则这样的新闻：一个名叫香奈儿的小品牌公司精心挑选了十位丑女，将在周六晚上亮相巴黎大舞台。人们的好奇心立刻被勾了起来，想要看看那十大丑女，更想看看这个公司葫芦里到底卖的什么药。

周六晚上，巴黎大舞台果然聚集了很多看热闹的人，当香奈儿公司精心挑选的十位丑女登场的时候人人都惊呼果然是丑女，个个奇丑无比，这个时候，只见香奈儿女士笑容可掬地走进来，她告诉大家请大家给她几分钟展现香奈儿化妆品的功效。几分钟之后，十位丑女再次登场，人们眼里看到的却再也不是丑女了，而是一个个风情万种，各有特色的美女。从此，香奈儿品牌名声大噪。

和香奈儿一样，日本东芝电器曾经遇到电扇滞销的难题，为此公司高层人士想尽办法，但是仍然不能取得很好的效果。这个时候一个员工向公司提了一个建议，那时候的电扇都是黑色，这个员工提议给电扇着色，让电扇不再是单调的黑色。公司经过商量以后决定采用这个建议，不久以后，电扇市场上开始有了浅蓝色的电扇，滞销的电扇很快销售一空，从此电扇开始有了颜色。

一个好的创意能使一个濒死的公司活过来。当一个解决方法不能够解决问题的时候，一种新的角度或者新的思想能在瞬间开辟一条新的路径。如果哥伦布按照以前航海家行进的航线前行那么他将永远不能发现新大陆。走在别人开辟出来的道路上，我们永远也不可能走出自己的路，只有创新，才能实现自己的价值。创新，直接关系到员工的未来，只有那些能不断创新的员工才能做职场上纵横驰骋的骄子。

创新并不是要你去改变世界，而是要能够改变我们自己的生活，让我们在生活中更舒服、在工作中更得心应手。很多时候，当人们走进死胡同的时候只要将目光改变一下方向，就能看到旁边的出口。

美国德克萨斯州有一座年久失修的女神像，政府决定将它推倒，但是将女神像推倒势必会产生大量的废料，而这些既不能烧毁又不能就地掩埋的废料成了政府的心头大患。

这时候有一个叫斯塔克的人出现了，他让政府付给他一笔低于一般劳务费的价格后揽下了这份苦差事。就在人们好奇斯塔克想干什么的时候，只见这个聪明的人将大块的材料分解，然后制成各种各样小的器件，用精美的包装盒包装成小礼品，利用人们对女神像的崇拜，斯塔克成功地将这些被视为垃圾的废料卖了出去了，并且从中大发横财。

能够将垃圾变废为宝，并成功地销售出去，的确是一种创新。只要能适时地转变自己僵硬的思想，每个人都可能成为聪明的斯塔克，挖到自己人生的金子。在工作中我们也应该发挥我们的奇思妙想，从不同的角度去思考问题，找到问题最快、最有效的解决办法，打造人生和职场奇迹。

一个有创新思维的人，即使你的经验不是最丰富的，技术不是最熟练的，但是因为那个善于创新的大脑，那么在工作中你所创造的价值也是非凡的。能够创新的人也就是懂得变换角度看问题、不会墨守成规的人，这样的人一旦进入公司，就像给一潭死水注入了新的生命力，不但能够更出色地完成自己的任务，还能为公司的大目标做出自己的贡献，成为老板器重的人。所有的大公司招聘人才时虽然都有自己的侧重点，但是它们都有一个共同点，就是新员工必须能够自主创新，有自己的创意，因为他们觉得创造性地解决问题是一个人智慧的最终体现。

4. 走出“都一样”的怪圈

企业不需要连思维都与他人一样的员工。

现在的世界因为互联网的普及，频繁掀起热潮，所有的信息都能快速地传播开来。这时候，很多趋势就形成了。要想在职场中拥有绝对的一席之地，就不能盲目地随大流，要有自己的特色，走自己不寻常的路，才能立于不败之地。

当一个员工提出一项比较具有创新意义的建议时，老板不希望看到的是别的员工也和提建议的员工一样执行同样的事情，他更青睐于看到每个职员有自己独特的想法，完成自己的创意。

有一个著名的毛毛虫实验，说的是把许多毛毛虫首尾相连围成一圈放在一个花盆边缘，并在离花盆不远的地方撒满毛毛虫喜欢吃的树叶。于是，毛毛虫开始沿着花盆一个接着一个地爬。一小时过去了，毛毛虫还是那样首尾相连地爬着。一天过去了，毛毛虫们还是在那样爬。七天之后，它们不爬了。因为所有的毛毛虫都因为饥饿疲惫而死，死的时候没有一条毛毛虫偏离爬行的轨道，依旧是首尾相连的方式，死在食物旁边。也许不应该用圆形的花盆做实验，因为毛毛虫以为自己一直在前行。但是，即使换成别的形状，真的会有毛毛虫离开队伍，独自找寻食物吗?

在工作中，很多人就像那一群毛毛虫，每天都和其他人干着一样的工作，吃着一样的米饭，喝着一样的水，他们对现状不满，但是从不要求改变，因为其他人也是这样生活的。这时候如果有一个人提出一些新鲜的建议，无异于在办公室里“搞特殊”。只有把“大流”摆在一边，把自己的脑子从“都一样”的怪圈里解放出来，自己单独坐下来思考属于自己的路的时候，这个员工才算有了灵魂，才能做出令自己和老板满意的成绩。工作中遇到困难的时候，人们喜欢拿出以前用的方法，像套公式一样生硬地套进去，而世界上没有两个问题是一样的，总是有着或大或小的变化，当问题不能完美解决的时候，有些人还是不敢打破固有的思维方式，不能够推陈出新，找到一条适合自己的路。

小路和所有的办公室白领一样，领着还算过得去的工资，每天和同事一样吃着千篇一律的快餐，也和同事一起骂快餐店黑心的老板和自己办公室旁边的总经理。但是小路总是无奈地和自己说日子还是要过，班还是要上。

有一天，当办公室所有同事一致拒绝向快餐店订餐的时候，小路突然灵光一闪，她觉得自己完全可以让同事吃到自己想吃的东西，那就是自己做中间人，为每个快餐店拉客户，然后根据客户要求的快餐给快餐店下单子，过后自己抽取提成，长久下来，应该是笔不低的收入，实在不行，就回来上班。于是，她向总经理提出了辞职，买了辆电动车，开始了外卖生活，虽然顶着大太阳送外卖很辛苦，但是一个月下来小路有了近万元的收入，几乎是上班时的两倍。几年以后，小路开了自己的连锁店，当上了老板，而以前在公司上班的人还是在上着同样的班，说着同样抱怨的话。

如果继续在公司里忍受不好吃的饭和吝啬的老板，小路可能永远只是一个小白领，永远不知道自己其实可以有属于自己的公司，更不能实现自己的人生价值。

条条大路通罗马，尤其是现代社会，变化越来越快，竞争也越来越激烈。怎样使自己不淹没在时代的大潮中呢？那就是另辟蹊径。很多公司都有着铁一样的规章制度，很多人也都严守着这样的铁律，以为一切按照公司制度来就可以相安无事了，然而这样的想法大错特错。没有老板不喜欢充满创意的员工，因为这样才能提高业绩，才能增加公司的效益。

李悌是一个不喜欢按常理出牌的人，他的想法总是让人觉得莫名其妙，甚至是荒诞的。但是，正是他这种不跟风不随大流的个性，成就了他自己，也成就了宝丽来的中国台湾市场。

开始决定在中国台湾经销宝丽来的时候，李悌做过一番市场调查。当时的台湾地区眼镜市场出售的大多是一些低廉的便宜货，虽然价格不高，但是质量很没保证。李悌就是抓住台湾地区市场的这个特点，定下了一条死规定：任何在台湾地区出售的宝丽来眼镜都不准降价或者打折出售。因为他认定了宝丽来这种真正有偏光、摔不破，又能过滤紫外线的高质量的太阳镜，其性价比要比那些动不动就打折的便宜货高很多。

不久，事实证明李悌是正确的，宝丽来成为和劳力士、欧米茄一样的高档品牌。

是什么使李悌成功的？就是他那种不跟风、不随大流的性格。所以在实际工作中，我们不能老是跟在别人身后转，适用于别人的方法并不一定适用于自己，即使和自己的情况一样，也不可能在别人的思想上做得更出色，就像一部武功秘籍的修炼，即使有了招式，没有自己的心法，还是不能天下第一。所以，职场中的精英们一定要运用自己的思维，突破别人对自己的局限，创造性的工作和生活，在工作中做出超越以前的业绩。

5．将复杂的问题简单化

化繁为简，也是一种有效的创新。

工作的时候总是有很多问题纠结在一起，不但使人头脑混乱，而且会降低工作效率，影响业绩的提升。所以，要想提高自己的工作效率，得到老板的肯定，精英们一定要懂得把复杂的问题简单化。当同时有两个方案出现的时候，能准确地选择相对简单的那个。

美国威斯门豪斯电器公司董事长唐纳德·伯纳姆在《时间管理》一书中提出：在做每一件事情时，可以问问自己："能不能取消它？能不能把它与别的事情合并起来做？能不能用更简便的方法来取代它？"

当企业员工遇到很多问题一起出现的时候，就可以用这三个问题问问自己，不要被复杂事物的表面所蒙蔽，当我们条理清晰地将问题解剖开来，抓住问题的本质，问题明朗化的时候我们往往会发现它其实只是一个很小很简单的问题。

小孙是一名保险推销员，但他不想再干这一行了。因为他的工资水平不但是最低的，而且老是因为工作的原因受到客户的辱骂。当他把辞职信交给人事部的时候，人事部主任问他辞职的原因，小孙说自己胜任不了。

人事部主任什么挽留的话都没说，只是给了他一份资料说："这是我们这一区最难搞定的客户，我给你一个星期时间，如果你能成功拿下这笔单子我就让你辞职，并且毫无条件地发放你全部工资。但是，如果你现在就拒绝我，或者一个星期以后你没做到，那你自己回去收拾东西离开，并且一分钱也拿不到！"

小孙觉得又气又委屈，但是为了几个月的工资，他只好拿起资料走了回去。他认真地研究了那份资料，发现那的确是个难以搞定的客户。于是，他制订一份很复杂的计划，这份计划包括了对方如果不在家怎么办，对方如果骂人怎么办，甚至他还想好了对方放狗咬他时应该采取的措施。

一直到最后一天，小孙都还是待在家里完善自己的那份计划，其中包含的内容五花八门，估计任何人看了都会头痛。但计划做得再周密，终究还是要行动的。小孙想自己现在只有两个选择：要么直接去找客户谈；要么收拾东西，工资想都不要想。但是那几个月的工资小孙不愿意白白放弃，最后一咬牙，他决定还是去看看，大不了被臭骂一顿，或者被狗咬一口。

然而事情发展的结果，完全出乎小孙的意料，他假想的每一种情况都没有出现，对方反而是很客气地接待了自己，只是询问了一些必要的问题之后就很爽快地签了合同。小孙糊里糊涂地拿下了自己的第一张单子。回去的时候小孙去找人事部主任，然而不再是辞职了，而是他要拿回那封辞职信。小孙意识到，以前都是因为自己把简单的事情想得过于复杂，才使自己的工作效率得不到提高，不仅使自己没有完成本职工作，更差点否定了自己。

很多人喜欢把简单的问题复杂化，事实上这无疑是在浪费时间。工作中追求的不是过程，而是结果，老板注重的也只是员工给他带来的最终效益。所以，不管是任何情况，提高工作效率，化繁为简的做法总是不会错的。

对老板而言，他要的不是一个满腹诗书，面对具体问题的时候又不能提出切实可行方案的纸上谈兵式的员工，他们更倾向于一个能把问题简单化并快速有效解决的人。提高工作效率就是提高公司的效益，每位员工和公司的利益都是密切相关的，没有公司愿意供养一个什么事都不会却大话连篇的博士，因为问题得不到解决的时候，那些知识连装饰都算不上，只能算是累赘。很多时候我们觉得问题难以解决并不是因为缺少信息，往往是因为信息太多，使我们看不到问题的本质，才造成解决不了的困境。

有一家企业，每个月要寄发的订购单，加起来大概超过一万张，光是寄出订购单就要花费很多时间和金钱。尽管如此，在发订购单的过程中还很容易出错，很多供应商收不到，或者是延期了，又或者是半路丢失了。有时候，补寄了对方还是没有收到，再补寄还收不到。因为没收到订购单，货就进不来。企业想了很多方法都没有解决这个问题，耽误了很多事情，造成了不少经济损失。

后来请了一个专家帮他们解决问题。专家跟他讲，你为什么要用邮寄，而不直接用传真？公司说有的供应厂商不愿买传真机，专家就说十几年前一台传真机十几万，厂商可能心疼这笔钱，现在一台传真机五六千元。如果他还是不买你就自己掏钱买给他，这笔钱以后从货款中扣回。

这家企业按照专家的方法去做了，很快就不存在这个问题了，每次订购单都能及时被对方接收。

企业需要效率，那么员工就一定要高效率地工作，因为只有效率才能体现出工作的价值，没有效率的工作就是在浪费时间和生命，而把复杂的事情简单化就是提高效率的最好途径。事情能够简单，就尽量简单一些。

◆第十四章 面对执行，“不知足者常乐”

“不知足者常乐”是一种追求进取的姿态，当我们不满足于现状时，这种“不知足”就会引导我们向更高更好的方向努力。执行没有最好，只有更好，对执行力永不满足，让你摆脱故步自封的陷阱。如此，我们便可以不断地超越自己，让自己的执行力登上新的高度。

1. 执行者也要有自己的主张

如果只会听指令，那么与机器又有什么区别呢？

工作中，我们总是会遇到这样的人：一种是单纯地听从上级的指示，领导让干什么就干什么，让怎么做就怎么做的人；还有一种人，接到一个任务的时候立刻会去想用什么方法解决问题。通常情况下，老板会选择后一种员工，他们始终走在别人前面，比别人领先一步。

只听指示行动的员工就像棋盘上的棋子，不但由人控制他的每一步行动，甚至还掌控他的生死，这样的员工叫“执行匠”，但是却永远不会成为真正的执行者，只是处在被动的执行状态。所有事情都只是照搬模式去做，不动脑筋干活，一味的埋头苦干，有时候他们不仅不能把事情做好，更有可能会误了大事，这样被动地执行往往会使领导不满意，想做事的人成千上万，而老板要的是会做事的人。当一个员工在老板眼里成了一个可有可无，随时可以替代的对象的时候，他不但不会被委以重任，想要保住工作都是一个问题。

有一群和“棋子”员工不一样的员工，他们在做事情的时候能全面透彻地分析问题，找出问题的关键，然后用最有效、最直接的办法将事情解决，他们从来不会等上司指示他们去做什么，因为在遇见事情的时候，他们的大脑里已经形成了一套基础的解决方案。都说不是自己的事情不关心，而这群人就是把公司的事情当作自己的事情去做，不但把工作做好，而且做得漂亮，让老板看了之后心情愉快。没有一个老板不喜欢既为自己分忧解难又为公司创造利益的员工，所以他们的升迁和加薪就成了理所当然的事情。

某公司因为经营得非常好，就想在城市的郊区再开发一个新市场，扩大生产规模。公司高层决定新市场的销售经理由公司内部的两个销售经理竞争，要他们各自回去准备一套方案，阐述自己对新市场开发的计划。

两个经理平时在公司就一直明争暗头，所以当知道是做新市场部销售经理后都非常想吃掉这块肥肉。经理A是一个观念保守的人，他的销售观念和管理方法是多一事不如少一事，领导怎么说就怎么做，这样即使做错了，责任也摊不到自己头上，业务不好也是领导管理无方。他对待下属也是这样，从不允许手下的员工擅自更改领导传达给他的意见，更不允许他们自作主张地做事情，所以，他管辖的部门里死气沉沉，业绩也从来提不上去。

经理B则完全相反，当上面下达一个任务的时候，他总会仔细地研究一番，并且从不吝啬和自己的员工探讨，他要的效果只有一个，就是力求用最快的方法将问题解决，提高本部门的办事效率。在他的带领下，他手下的员工个个都像有雄心壮志的野豹子，做起事情来游刃有余，部门业绩从来都是名列前茅。

两个经理都以最快的速度把他们的提案交上去了，结果不出所有人的意料，公司派去新市场的是经理B，因为他在提案中不仅说了自己会怎么管理新市场，还结合了郊区的实际情况，全面分析了扩大生产规模所产生的影响，以及新市场的销售对象和发展前景，整个提案条理清晰，井井有条。然而经理A的提案尽管也是井井有条，但是从头到尾都没有提出一套具体的方案，整个提案贯穿的都是唯领导是从的思想，与其说是商业策划提案，不如说是政治论文更贴切一些，公司领导看后都哭笑不得。

很多公司员工都有例子中经理A的思想，他们认为在公司的任务就是干活，而不是工作，因为工作是需要带着脑子思考的，而干活就只需要服从老板的指示，而超出指示范围的事情不是他们应该干的活。他们从来不会有自己的工作思想和工作意识，上班的时候没有一个系统的工作概念，只知道有事情就做，没事情就歇着，很显然，这样的员工不可能受到重用。

很多事情，成功与不成功就在这一步之间，凡事比别人多想一点，始终走在别人前面的人，即使没有自己创业，但是不管走到哪个公司，都绝对是老板舍不得放弃的好员工。

一个卖早餐的小吃店早上的生意特别火爆，上班族经过的时候都会急匆匆地买些早点，他们总是催得很急，所以早餐店的老板决定再招一个人来帮忙。

招聘启事贴出没几天就来了一个应聘的女工，老板决定让她专门卖包子，卖包子的女工就坐在蒸笼旁边卖着包子。有一天，买包子的人很少，但是买其他早点的人却很多，这时候一个顾客对卖包子的女工说要一杯豆浆，但是没人理他，客人以为她没听见就又说了一遍，没想到卖包子的女工火了：“你喊什么喊，老板叫我卖包子又不是卖豆浆，我怎么能给你豆浆?”

这个故事看起来虽然可笑，但却反映了一些员工的工作态度。一个优秀的职员绝不仅仅是按照公司的安排来做事，他们应该有一个明确的工作系统、冷静精明的头脑和敏锐的观察力，他们对待事情永远不是被动的，而是主动出击，自己掌控一切。他们才是公司希望拥有的员工，这样的职员也更受老板们的青睐。

2. 将平凡的事情做到极致

把每一件平凡的事做得不平凡的人是很不简单的。

衡量一个员工是不是称职的标准就是看他是不是能把每一件事，不管大小，都完成得很好。一个优秀的员工，总能把每一件很简单的事情都做得很成功，而把每一件事都做成功，把每一件平凡的事做得不平凡的人是很不简单的。

每个人都希望自己是职场中的精英，是商场上的英雄，但是并不是每个人都能如愿以偿，那些成功的人往往就是能把一件简单的事情做到不简单的人，在这样的人眼里，事情不分大小，没有性质，只有一定要完成，并且要完成得出色的想法。谁说扫大街是一件简单的事？谁说认认真真工作的清洁工不是了不起的人？那些在工作中总是说事情芝麻绿豆大不需要自己动手的人往往都是一些态度不端正、好高骛远的人，而这样一些人和清洁工相比，我们大家更喜欢的还是认真工作的清洁工吧？一个公司的业务本来就是由一些大事小事构成的，但是如果那些简简单单的小事都没办法做好的人，老板怎么敢让他们干大事呢？

薛洋是一个影视工作室的后期剪辑实习生，他刚大学毕业，去公司不到几天，就发现公司里都是一些在后期剪辑方面已经做了七八年的行家。他想，自己在这种高手如云的地方一定能学到很多东西，毕竟近水楼台先得月嘛！

进公司的时候薛洋就知道公司一定是从最基础的东西让他做起，但是却没想到基础的让他大跌眼镜。主管居然让他天天端茶送水，而且一送就送了几个星期，薛洋心里非常不平衡，但是自己是来学习的，虽然天天在做跑腿的事，但是相对于刚来时大家对自己冷冰冰的态度，现在因为自己满脸堆笑地送水、送咖啡，大家已经开始慢慢真心地接受他了。这也是一个磨练自己的机会，一个连水都送不好的人能干什么呢？薛洋送水送的更真心诚意了，不但及时地送水换水，还把饮水机和办公室打扫得干干净净，从来没有在脸上表现出丝毫的不耐烦和抱怨。几个星期之后，公司觉得薛洋工作态度非常好，终于让他开始剪一些简单的片子，而且有不懂的地方，别人也会帮他解决。

把简单的事情做到不简单是一句很容易说的话，但是真正做到的有几个人呢？有些员工总是一天到晚不停地抱怨公司不给自己机会，领导对自己不够重视，但是机会到来的时候你真的紧紧把握住了吗？公司给你的最简单的事情都是给你的机会，都是对你的器重，将这些事情做好了，你就一定会受到重用。

干一行爱一行，干一行就要干好一行，世界上没有低级的工作也没有简单的行业，不管现在的你在公司担任什么职位，做什么样的事情，都不要眼高手低，将事情做到最好就是获得升迁的最好方法。是金子总会发光，让你实现自己的价值。

周皓是一名交通警察，从一个二十几岁的毛头小伙子到现在接近不惑之年的成熟男人，周皓在马路上的那块小小的空地上站了十几年，而他从来都是笑对自己的工作，每一天都尽职尽责地指挥交通。他的指挥点是交通事故发生最少的地方。

周皓从来不觉得自己身为一名交警有什么不好，他总是向身边的人骄傲地说自己是国家重要的一名交警。他交通指挥得最出色，上下班高峰期的时候哪一条马路都被挤得水泄不通，车辆乱七八糟地挤作一团，周皓的指挥点却井然有序，车行虽然缓慢，但是却没有胡乱插车或者倒车的情况出现。炎热的夏天太阳像火一样烧在交警身上，但是不管自己多热，周皓从来没有擅离岗位或者找一个阴凉的地方避荫的想法。在行人闯红灯的时候，周皓总是能及时地出现并制止这种危险的行为，他珍爱自己的生命，也珍爱行人的生命，他的座右铭是“站一天岗就做好一天的交警”。

远远看见周皓笔直坚挺地指挥交通的身影，附近的居民觉得自己是最安全的，周皓就像一盏安全指示灯，告诉所有人，只要他在的地方，交通就是有序的，出行就是安全的。

谁是最可爱的人？就是那些兢兢业业，为自己的本职工作尽心尽力的人，就是那些不以事小而不为的人，就是那些将简单的事情做得不简单的人。所以，一个想要成功升职的员工也好，一个大企业老板也好，只要把最简单的事情用最高涨的热情出色地完成了，就是一个不简单也不平凡的成功者了。

3. 别把问题还给老板

把问题都推给老板解决，还要员工干什么？

工作中经常会遇到难题或者麻烦，而老板花钱雇请员工来就是为了解决这些问题或者麻烦的。当一个员工不能为公司解决困难的时候，就失去了自己的价值。优秀的职员知道主动将问题解决，而不会像推皮球一样将问题推给老板。

每个人都有每个人的事情要解决，老板有老板要做的事，员工有员工要做的事，只有两者有效地结合在一起才能为公司和个人创造出效益。而做好自己的本职工作就是员工分内的事情，有问题的时候自己主动想办法解决是员工应该做的事情，而不是将自己的问题推到老板身上。要想让老板觉得你与众不同，能够对你委以重任，你就必须表现出和别人不一样的地方，你能独立完成别人完成不了的任务，你不会将问题积压很久，更不会将解决不了的问题推给老板。每个老板都在寻找能够助自己一臂之力的人，与此同时，也在抛弃那些不起作用，甚至起反作用的员工。

海南一家杂志社的老总要去北京出差一段时间，所以将杂志社的事务都交给主编打理。公司有一批即将出售的特价杂志，临走前老总和主编说如果有人来问的话，价格合适就给卖了。

老总走后，果然有人打电话来问特价杂志的事，但是主编是一个不敢揽事的人。他虽然答应老总了，但是并不想真的在老总不在的时候把这些杂志给处理了，因为他不敢出价，他担心一旦老板嫌他出的价格不合适，自己就吃不了兜着走了。所以，只要是有关询问特价杂志的电话，主编一律说这个事情他不清楚，而老总出差去了，必须等老总回来才能解决。

办公室里还有一个和主编工龄差不多的女人，她是副主编，她的魄力和能力其实比主编要强得多，但是因为老板是一个大男子主义思想很重的人，所以他坚持让现在的主编成为自己的助手，尽管这个主编实际上什么事情也没帮到他。副主编在主编挂断电话之后不解地问他为什么不和人谈谈价格，这批杂志完全可以卖出去的，没想到主编说："这又不是你我的事，你瞎操什么心？老板回来了他自己不会弄啊？我可不想做这种不靠谱的事！"副主编一听就说这是老板给你的工作呀，没想到主编说："那他怎么不给我钱呀?"说完也不理副主编，自己回电脑前玩游戏去了。

这件事副主编并没有和老总说，只是自己计算了一下，找了一个买家将杂志卖出去了。老总回来以后看到杂志卖的比自己估计的价格要高，就把主编夸奖了一番，这时候平时就看不惯主编拿钱不干事，还趾高气扬的人就对老总把事情的经过说了，老总终于下狠心将主编免了，并将副主编升了职，还加了工资。

对于老板分配下来的任务，员工要做的不是要纠结于任务指派的太多或者太繁重，而是认真地分析一下，然后将事情解决。没有哪个老板喜欢一个整天对自己的事情爱搭不理，却喜欢把事情推给别人的人。即使是你真的愿做而不会做，老板也会怀疑你的能力，从而不给你升职加薪的机会。员工在接受老板薪水的同时，也接下了一份责任，就是将自己的本职工作认真完成的任务，这不仅是一种价值的变相交换，也是实现自己人生的方式。将事情做好的员工，不管走到哪里都是受老板欢迎、受老板器重的好员工。

很多员工脑袋里面都有一种奇怪的想法，一方面希望自己的工作轻松简单，另一方面又希望老板付给自己高薪，而生活中从来不存在这样的事，只有付出才会有收获，要想获得高工资，就必须拿出与之匹配的工作成绩，而不是在那里一味地抱怨老板或者公司。还有人觉得公司是老板的，与自己没有关系，自己只是一个帮助老板成功的工具，所以对待事情不尽心尽力，遇到一点困难就推脱说做不了，或者干脆不做，这样的态度不但不能让你成功，还可能害你连工作都丢了。公司就相当于一个大家庭，只有老板好了，你才能好。

在一次员工大会上，某著名企业的董事长说了一件自己经历的啼笑皆非的事情。

事情的经过是：董事长因为合作的事情去了国外，公司的事情都是管理层的一些人在打理。有一天，有一个小部门遇到了麻烦，于是员工就将问题反映给了部门主管，主管一听又立刻将问题反映给了整个组的主管，组主管听后又马上把问题反映给了总经理，总经理听后立刻慌了神，拿起手机就给海外的董事长打了个电话，问事情要怎么办？董事长一听立刻火冒三丈，他搞不明白自己花了那么多钱请这些人来是干什么的，遇到问题不首先想办法解决，而是不惜给远在国外的自己打电话。

人都有劣根性，不喜欢做事情，或者太依赖别人，希望他们能把自己的事给做了，然后坐享其成，世界上没有这么美的事，即使是身为老板的人也是自己一点一滴做起来的，推卸问题永远不能将问题解决，只有积极地开动脑筋想办法，才能把事情做好，赢得老板的信赖，最重要的是，无论如何都不要将问题留给老板。

4．优化方法，工作更出色

不要满足于现状，你一定能发现更优化的方法。

在工作中，之所以很多时候问题长久得不到解决往往是因为员工执着于某些陈规陋习或者一味地按照以前的思维去分析问题，结果用错了方法，才使问题无法解决。其实，老板在意的不是过程，而是结果，所以不管你用什么方法，只要能达到目的就是好方法。

很多人在工作的时候习惯照搬前辈的经验，或者直接等待老板的明确指示，自己从来不用脑筋思考一下如何快速有效地解决问题。一般说来，在公司受老板器重的都是能够独立地为公司分担问题、创造效益的员工。所以，当一个问题出现的时候，员工要做的不是等待指示，而是主动去想办法将问题解决。

某电缆厂的主要产品是把粗铜条抽细，然后再包上塑料变成电线，因为抽的速度很快，所以为避免再去穿眼模，要把前一轴铜条尾和新轴的头用冷焊机焊起来。

问题是操作起来并不容易，新手焊十条断八条，断一次，要重新穿眼模，需要 40 分钟，又累又热又脏，每个人都视为畏途，即使是老师傅，焊十条也要断两条。因此，老手怕，新手更怕，但是二十多年来，所有电缆业者皆不能克服这个问题。

有一位员工，想彻底解决这个问题，于是便试图分析老手与新手之间有哪些差异，发现新手怕断，认为多用点力就行了，所以咬紧牙很用力地压，结果还是断了；而老手是压一下转一下，压一下转一下。

这位员工就去研究两种做法里面的差别，发现铜线的断面，高压时会产生应力，这种应力如果不均匀，在高速抽拉时，就容易断掉。而转一下就能让应力均匀，但是老手为什么还会断两条？分析发现老手转这一下，是凭着自己的感觉来的，但感觉并不精确，所以应力并不是很均匀。

于是，这位员工得到一个结论：要想焊接的时候不断，就必须要转，但是要转得精确，于是他在冷焊机上做了一个 90°导杆，转三下 270°刚好一圈回来。做好以后，老手新手只要按照标准作业，就不会再断。困扰这个行业多年的问题，就这样解决了。

其实，不光是焊接电缆，做任何事情的时候，只要能像那位工人一样找到合适的方法，就能将事情解决。工作中，我们面对问题的时候，一开始就会人为地添加很多考虑的因素，这样不但使问题更复杂，还让人们找不到解决问题的办法，从而不能达到效果。

其实，一个问题出现的时候，人都会做出一个最本能、最直接的反应，往往这个时候出现在脑子里的想法是最好的解决办法。问题不需要去装饰，只要把它变得不是问题就行了，不要在问题的基础上添加任何的人为因素，以此来彰显自己的才能或者聪明，很多人都是聪明反被聪明误。工作的时候记住一点，出现问题就解决。用什么方法解决？达到目的的方法！解决问题的时候我们只要紧紧抓住问题的关键，锁定要达到的结果，从侧面或者反面着手，将问题分析清楚，方法自然就出来了。

大家一起参加工作，两三年后可能体现出很大的差距，这里面其实方法问题是很重要的。比如有些人只会模仿，有些人则会自主思考；有些人以沿用老办法为主，有些人以创新为主，这些都会导致工作业绩出现差距。

想要在工作中做得更加出色，聪明的员工一定知道在遇到问题的时候想尽一切办法将事情解决，不要在乎那个办法是不是太奇怪或者从来没有人用过，什么事情都有第一次，而第一次往往都是“祖师爷”，千万不要放弃一个当鲁班或者爱因斯坦的机会，更不要当一个头脑僵化、不知变通的员工。